忘れられた無差別爆撃

検証・錦州爆撃

纐纈 厚

不二出版

目　次

凡例

一、旧字・異体字などは通行の字体に改め、仮名は平仮名に改めた。

一、中国の地名・人名については中国語の音声表記をそれに近いカタカナでルビを振った。

満州事変・錦州爆撃関係地図

はじめに―日本軍初の都市無差別爆撃―

日本敗戦の〝はじまり〟とされる満州事変。それは、日本敗戦の一九四五（昭和二〇）年八月一五日まで続いた「日中一五年戦争」の起点でもある。平和の時代に後戻りできなくなった、との意味で一大転機《ターニングポイント》となった事件としても歴史に刻まれる。一九三一年九月一八日のことである。中国では、「九・一八事変」と呼ぶ。

一九三七年七月七日の盧溝橋《ルーコウチアオ》事件により、日本と中国は全面戦争の時代を迎える。日中戦争は、さらに四年後に日英米蘭戦争へと繋がっていく。だが、満州事変からストレートに日英米蘭戦争へと突き進んだわけではない。

というのは、実現可能性はともかくとしても、満州事変から日本敗戦の直前まで、現在明らかにされているだけでも数多の日中和平工作が存在した。船津工作、宇垣工作、トラウトマン工作、汪《ワン》兆銘《ジャオミン》工作、桐工作、姜豪《ヂィアンハァオ》工作、何桂国《フゥーグゥオグゥイ》工作、繆斌《ミャオビン》工作等々である。

もっともこれらの工作は、日本の戦局悪化が避けられない状況のなかで、日中戦争の停戦による日本敗戦の回避を目的とする程度のものが大方であったが、そうだとしても、当時日本の指導層に中国との和解と和平が必要だ、とする認識が少なからずあったことは間違いない。

一方、中国からも一九二〇年代後半から三〇年代にかけて、王正廷《ワンションティン》の「日中親善論」に代表される和平論が提唱されていた。(1) 王は満州事変後、対日交渉に当たった著名な外交官である。また、蔣《チャン》介石《チェシー》や張学良《チャンチェリン》にしても、様々な思惑を秘めつつも、日本への不抵抗主義にこだわり続けた。だが、関東軍による中国東北地域（以後、満州）の軍事占領は、中国との戦争を不可避なものにしていく。

一旦、熾烈な戦争が始まってしまえば、和平も停戦も容易には実現しないものだ。日本の和平工作は、余りにも遅きに失したものであった。ならば、日本はその機会をいつ、どのような形で失ってしまったのか。実は、その検証は戦後における日中関係史のなかで、十分には検討されてこなかった課題である。

そうした課題を検討するために、本書は張作霖爆殺事件（一九二八年六月四日）前後から、満州事変の帰結としての錦州《チンチョウ》爆撃（一九三一年一〇月八日）前後までの期間を主に検討し、その課題に迫ろうとするものである。

錦州　歴史の舞台へ

本書の舞台は、中華人民共和国遼寧省《リアオニン》錦州市《チンチョウ》（現在の総人口約三一〇万、市区内人口約九〇万）である。(2) 多くの日本人には、同じ遼寧省内の大都市である大連市《ダーリエン》や瀋陽市《シェンヤン》と比べ、決して馴染みのある都市名ではないかもしれない。現在、富山県高岡市の姉妹都市でもある（一九八五年八月一〇日、姉妹都市提携）。

錦州の地が歴史に登場するのは、モンゴル語系の北方民族である契丹《きったん》族が遼《リイアオ》という名の王朝を打ち立て、その領内の重要な地域として支配下に置かれた頃からであった。西暦の九一六年、遼の初代皇帝となった耶律阿保機《ヤルーアブーチ》が言い放ったと伝えられる「漢族を戦利品として錦の州を建てる」から錦州の名が生まれたとされる。その遼も中国王朝の盛衰の歴史の流れのなかで、およそ二〇〇年間の歴史を刻み、金《ジン》や元《ユアン》と言った王朝に支配者の地位を譲っていく。

錦州は、東北地域と華北の境である山海関まで、およそ二〇〇キロの位置にある。常に漢民族の地への重要な戦略上の地域を占め続けた。その地理上の位置が錦州に歴史の舞台を提供する。近代に入り、その象徴事例として錦州爆撃と通称する事件が、日本の関東軍によって引き起こされた。

一九三一年九月一八日、奉天《フォンティエン》（現在の瀋陽）を中心に中国東北地域（以下、満州とする）に駐屯する帝国日本の出先軍である関東軍が、突如として軍事行動を起こす。次々に満州の各都市を軍事占領していく。歴史に言う満州事変の勃発である。

満州事変が起きると世界の耳目は、日本と中国の関係悪化に注がれた。国際社会は、関東軍の本国の政策や意向を無視するかのような振る舞いを目の当たりにし、日本に対して不安感と警戒感を抱くことになる。勿論、一方の当事者であった中国の政府も市民も、日本の軍事行動に激しく反発していく。

ただし、欧米諸国は中国と同一の目線で関東軍の、そして日本政府の動きを注視していたわけではなかった。ある事件が起きるまで、欧米諸国は日本の満州軍事占領に宥和的なスタンスを採っていたのである。イギリスは華中に、フランスは華南に膨大な利権を確保していた。両国は、その利権が侵されない限り、日本の行動に危機感を持って向かい合おうとは必ずしもしていなかった。表向きの姿勢とは別に、欧米諸国は、中国での市場拡大を国家目標の根底に据えていたからである。

しかし、ある事件をきっかけに事態は一変する。

満洲地域における主要都市が軍事占領されるなか、事変勃発三週間後の一〇月八日、関東軍の飛行部隊が錦州に対して空爆を行なった。これが本書で取り上げる事件、すなわち錦州爆撃である。この結果、錦州は俄然世界が注目する都市となった。否応なく歴史の舞台に登場したのである。

満州事変の表向きの主導者は、関東軍参謀の石原莞爾《いしはらかんじ》中佐とされる。関東軍の強引な軍事行動を、日本政府も陸軍中央も抑えきれないでいた。

瀋陽、吉林《ジーリン》、哈爾浜《ハーアルビン》など、中国東北地域の主要都市を軍事占領した関東軍は、その前後一段と勢いを増していく。ついには、関東軍の守備範囲とされた南満州鉄道（以下、満鉄）沿線から遠く離れた錦州への攻撃を企む。その結果、引き起こされたのが錦州爆撃である。一連の関東軍による軍事行動のなかでも、爆撃形態が都市無差別爆撃と評されたがゆえに、錦州爆撃の名は、以後歴史に深く刻み込まれる。

錦州爆撃は、満州事変の一コマに過ぎないかも知れない。だが、日本の内外に与えた衝撃はすこぶる大きかった。その衝撃は結局のところ日中両国の対立を深め、それまで日本に宥和的な姿勢を採っていた欧米諸国から、猛烈な批判を浴びる契機ともなった。

特に華北や満州地域に利権と関心を持っていたアメリカは、関東軍の予想外の軍事行動である錦州爆撃に警戒心を募らせていた。それはイギリスやフランスなどの諸大国も、程度の差こそあれ同様であった。

それで、錦州爆撃が持つ意味は取りあえず二つある。

一つには、戦争形態の転換点を示すものであったこと。錦州爆撃とは、人口が密集した都市に軍事目標主義の慣習法を逸脱し、空爆を実施した世界最初の都市無差別爆撃であったのである。錦州市の当該期の全体人口が一八〇万人余り、爆撃の対象とされたのは、錦州駅など市内の中心地であり、人口密集地であった。

二つには、軍事史上の重大事件であると同時に、最終的には帝国日本が国際社会のなかで孤立を深め、その二年後に、常任理事国の一員であった国際連盟からの脱退を決意する契機となったこと（脱退通告は、一九三三年六月）。以後、日本はさらなる孤立を回避するために、民主化ではなく軍事化の道を踏み固めていく。民論を重視する政党政治を排して、国権を原理とする軍部が勢いを得ていく。その契機としての錦州爆撃を検証する必要がここにある。孤立化と軍事化は、表裏一体の関係にあったのである。

以上のように、錦州爆撃は満州事変をめぐる一連の流れのなかでも、特に内外に与えた影響が大きく、満州事変における一大転機と言えるかもしれない。

しかしながら、その重大さに反して満洲事変史研究の中では未だに満州事変の一コマという扱いを脱しておらず、いささか等閑に付されていると言わざる得ない。

そこで本書は、広義には満州事変史研究の一環だが、特に錦州爆撃に焦点を当てて検証を行い、錦州爆撃を歴史の舞台に引き戻そうとする試みである。本書で示した私の主な関心は、以下の三点に集約できる。

一つには、何よりも従来の研究において等閑に付されてきた感のある錦州爆撃の実態を、日本及び中国の史料や文献から可能な限り明らかにすることである。幾つかの証言や記録から、日中双方の事件観を描いてみたい。そこでは、日本の出先軍隊であった関東軍が、陸軍中央との軋轢《あつれき》を繰り返すなかで、何のために錦州の地に爆撃を強行したのかを追う。

今に言う政治宣伝《プロパガンダ》と思われる記録をも引用しつつ、事件の本質を見つけ出していく。事件の伝え方と受け止め方の間に生じた齟齬や歪曲と同時に、一貫していたのは日本政府、メディア、世論に孕《はら》まれていた中国への敵視観念と、国際社会の動きへの鈍感さであった。

二つには、錦州爆撃を正当化し、自己弁護に汲々とする日本側の言説を読み解くことで、正当化の論理や理由を探ることである。強力な軍事力を持つ国家に固有の暴力による支配欲や、弱者を排除することに違和感を抱かない異様さに言及する。当時、日中両国の政府関係者だけでなく、犠牲を強いられた側と、強いた側にいた人たちが、どのような思いで空爆という戦争手法を観ていたかを探ってみたい。

空爆を実施する段階では制空権が確保されていることが前提であり、そこで強行される空爆とは、物理的な意味でも精神的な意味でも、相手側よりも優位な立場にある側の戦法である。空爆は、被害規模の大小に関わりなく、一方的に相手側の人命やインフラを傷つけ、破壊する。

三つには、錦州爆撃が日本軍最初の無差別都市爆撃でありながら、等閑に付されてきた事実を確認することである。一九三〇年代以降の世界では、ゲルニカに始まり、重慶《チョンチン》、ドレスデン、ロンドン、そして東京などの都市が空爆被害に遭遇していく。しかも軍事目標主義を示した国際慣習法としての戦時国際法がありながら、無差別爆撃が強行されていった。(3) 都市無差別爆撃のなかで、一方的な加害行為によって被害者が翻弄され、数多の犠牲を強いられた歴史が存在する。その意味で都市無差別爆撃は、戦争の本質を余すところなく具現してみせる。そうした戦争のリアルを念頭に据えながら、錦州爆撃を検証していく。

本書の題名を『忘れられた無差別爆撃—検証・錦州爆撃』とした（なお、「錦州無差別爆撃」を「錦州爆撃」と記す）が、副題にあるように、投下された爆弾数や爆撃による死傷者数について、日中双方の史料や証言などに記録された様々な情報源から検証していく。

近年、日中の研究者やジャーナリストから、錦州爆撃の位置づけについては部分的な言及がなされ始めている。しかし、この事件を境にして、その後の国際社会における対日観が大きく変わっていった、との指摘は必ずしも多くはない。これが本書の主張のポイントである。そうした指摘が多くはない理由として、何よりも事件そのものの実態が、十分に明らかにされていないからではないか。その歴史の空白を埋めるのが、本書で何よりも優先したことである。それゆえ、本書の記述では史実の細部にもこだわっている。読者には、少々くどいと思われるかも知れないが、爆撃の実態をリアルに感じて貰うために細部の記述を行なっている。

また、広い意味で空爆という作戦の是非をめぐる数多の論争のなかで、特に戦時国際法の視点からの要約をも試みている。空爆は確かに一つの軍事作戦であり戦術である。しかしながら、空爆で破壊されるのは、生活インフラだけではない。甚大な人的物理的被害を引き起こすと同時に、人間の精神や尊厳を破壊し、しかも極めて深刻な傷を強いる。それは強き者が弱き者を一方的に破壊する行為である。それゆえに、空爆を規制する動きが繰り返されてきた。本書では、空爆規制の歴史にもふれながら、錦州爆撃を位置づける。

以上の問題意識を踏まえた上で、錦州爆撃に光を当てていく。そこに見えてくるものは、日本が英米蘭との戦争に踏み込むことになる原因の一つとしての忘れられてきた錦州爆撃である。世界初とされる都市無差別爆撃であった錦州爆撃が、満州事変史のなかで極めて重要な事件であり、日本の孤立が決定づけられたことを強調している。

本論に入る前に二つの代表的な錦州爆撃研究を紹介しておきたい。まず、現在中国における錦州爆撃研究で多くの論考を発表している杭州師範大学の袁成毅《ユアンチァンイー》の主要論文「日军空袭锦州与国际社会反响再探讨（日本軍の錦州空襲と国際社会の反応についての再考）」である。そこでは、「この問題（錦州爆撃のこと）に対する国際的な反響と関東軍による無差別爆撃という戦争形式とが、非常に密接な関係にある」[4]と指摘する。逆に言えば、関東軍が無差別都市爆撃の戦術を採らなかったならば、欧米諸国からの反発は、もう少し軽減していただろう、としているのである。

その指摘自体は、袁論文よりも先に軍事ジャーナリストの前田哲男が『戦略爆撃の思想　ゲルニカ―重慶―広島への軌跡』で、以下のように論じている。

錦州の市街地へ向けられた空爆は、直ちに轟々たる国際的反響となって返ってきた。「錦州爆撃さる」の報は中国の大都市に恐慌を引き起こし、南京では要人の避難が始まったり、空襲に備えて軍隊は野砲を空に向けるといった騒ぎに発展、外電によって世界に伝えられたからである。第一次世界大戦下に起きた都市爆撃の記憶覚めやらぬ欧州諸国は、一斉に日本非難の声をあげた。[5]

おそらく前田の指摘が今日、錦州爆撃をみる上で不可欠な視点であろう。本書も、この視点を継承し、発展させていくことに重きを置いている。

現在の中国では、雑誌・新聞、それにテレビメディアなどが積極的に錦州爆撃を取り挙げ始めている。中国の学界でも満州事変研究は極めて活発に行われており、そこから錦州爆撃への関心も強くなっている。日中戦争の起点となった満州事変史のなかでも、実に大きなウエイトを占めている。そうした研究状況からは、錦州爆撃から日中戦争の本質を明らかにしようとする課題意識が顕著にみてとれる。

本書が注目するのは、袁成毅や前田哲男が指摘するように、無差別爆撃という爆撃方式が、第一次世界大戦期に実行された空爆の悲劇を想起させたこと、それ以後、空爆戦術が次第に相手側に物理的かつ精神的なダメージを与える戦争方式として定着していくことになった点である。一九三〇年代以降に本格化する「戦略爆撃」は、確かにゲルニカ爆撃（一九三七年四月二六日）を起点とするとされている。その一方で、規模は小さくとも、その前哨戦としての無差別爆撃が、錦州から始まっていたことを確認したい。

錦州爆撃を「戦略爆撃」とは呼べない。それを「戦術爆撃」と称するのは可能かも知れない。しかし被害や破壊の多寡ではなく、無差別性の一点において両者は同質である。また、欧米による対日政策の観点から言えば、満州事変を前期の宥和的な対応と、後期の非妥協的な対応とに二区分できる。その転機となったのが錦州爆撃だと言えよう。それだけの衝撃を国際社会に与えることになった事件であった。本書では、その点を特に強調しておきたい。各章では、その狙いと要約を冒頭に付した。

本書では史料や文献から歴史を語らせる手法を採っており、数多の引用を行なっている。原文が片仮名であっても平仮名とし、引用する中国語や英語の史料の日本語訳を付した。また、必要に応じて時間軸が前後することも了解願いたい。加えて、中国人名と地名については、中国語の音声表記をルビとして振ったことも御承知願いたい。

注

（1）王の「日中親善論」については、高文勝「王正廷の対日構想」（日本福祉大学福祉社会開発研究所『現代と文化―日本福祉大学研究紀要』第一一九号、二〇〇九年三月）を参照されたい。

（2）『辽宁省地方志・人口志』の「辽宁省人口地区分布表」によれば、一九三二（民国二一）年当時における錦州地区の人口は、一八〇万五九〇二人を数えており、同時期の大連が一九五万二八一七人、瀋陽が一七八万人六六八一人と比べても両大都市に匹敵する都市であったことが知れる（辽宁省地方志编纂委员会办公室『辽宁省地方志・人口志』辽宁省民族出版社、二〇〇五年、八五頁を参照）。

（3）軍事目標主義とは、戦争・紛争において攻撃は軍事目標だけに限定され、一般民間人や生活基盤など軍事に関係のない人物・組織・構築物は攻撃の対象外とされるとする考えである。第二次世界大戦後は国際人道法の基本原則とされたが、戦前期には、処罰規定などが不在なこともあり形骸化していた。これについては、第五章「都市無差別爆撃への着目」で述べる。

（4）袁成毅「日军空袭锦州与国际社会反响再探讨」（『民国档案』二〇一三年四月、一〇〇頁）。なお、重要な論点なので原文も示しておきたい。「这一问题实际上也有学者开始注意到了、即认识到了锦州轰炸引起的強烈国际反响其实与关东军所实施的无差别轰炸这种战争形式具有非常 密切的联系」である。

（5）前田哲男『戦略爆撃の思想 ゲルニカ―重慶―広島への軌跡』朝日新聞社、一九八八年、五六頁。

第一章　錦州爆撃への道程

―日本敗戦のはじまり―

第一章　錦州爆撃への道程—日本敗戦のはじまり—

第一章では、錦州《チンチョウ》爆撃が満州事変の一環として生起したことから、少し遠回りをして、満州事変の背景について概観する。そこから錦州爆撃前後の関東軍及び日本陸軍中央や政府の動きを追ってみる。欧米諸国からの批判が想定されながらも、錦州爆撃へと突き進んでしまった日本側の背景には、一体何があったのか。

その意味で本章は、錦州爆撃に帰結する満州事変の前史に相当する章である。ここでは、特に満州事変の引き金となった張作霖爆殺事件にこだわっている。当時の日本では「満州某重大事件」と呼称された。この爆殺事件こそ、満州事変の、そして本書のテーマである錦州爆撃に深く繋がっている。

錦州爆撃時まで一旦は書き進めるが、本章の時間軸としては、原敬《はらたかし》内閣（一九一八年九月二九日成立）からはじまり、張作霖爆殺事件が発生する田中義一《たなかぎいち》内閣（一九二七年四月二〇日成立）を挟んで、満州事変へ到る浜口雄幸《はまぐちおさち》・第二次若槻礼次郎《わかつきれいじろう》（一九三一年一二月一三日終了）までの、各内閣合わせておよそ一三年の期間を対象とする。本章だけが少し幅広の時間軸を設定していることに留意願いたい。

本章では、錦州爆撃とは一体何だったのかを知る前提として、その作戦実施過程を可能な限り追う。そこでは、錦州爆撃が一つの軍事作戦というより、一つの政治行為として強行され、国際社会で日本の孤立を方向付けた事件であった点に着目している。日本の行動は、国際連盟の規約に逸脱し、国際法と国際秩序への挑戦として受け止められることになった。錦州爆撃が国際的事件とされる理由である。

なお、本書では陸軍中央という用語が頻出するが、これは陸軍省と参謀本部及び教育総監部の陸軍組織を指している。陸軍三官衙《かんが》と言うこともある。その長官が陸軍大臣、参謀総長、教育総監であり、合わせて陸軍三長官と称した。

1　満州事変に突き進む――逸《はや》る関東軍――

競合するキーパーソンたち

本章では本テーマに直接間接に関わる人物が数多登場する。主要なキーパーソンを挙げるなら、錦州に臨時拠点を設けた張学良《チャンツェリン》、錦州爆撃の立役者である関東軍の石原莞爾《いしはらかんじ》、和平と抗戦の間を揺れ動く蔣介石《チャンチェシー》である。さらに加えれば、満州事変前史における張学良の実父である張作霖《チャンツオリン》の爆殺時に首相であった田中義一である。

一九一八（大正七）年九月二九日、爵位を持たないことから「平民宰相」と言われた原敬が、政友会内閣を組織した時点にまで時間軸を一旦戻す。

日本憲政史上で最初の本格的な政党内閣を樹立した原敬は、陸軍大臣に陸軍大将の田中義一を迎えた。原と田中の対中国姿勢が、基本的に一致していたからであった。同時に、陸軍内の対中国強硬派を押さえ得る田中の実力に期待したためである。

中国東北地域への関わり方については、原も田中も比較的に穏健な姿勢で臨んでおり、同地域の最高権力者であった張作霖を通して、実質上の支配権を握ろうとしていた(1)。原は日記に張作霖への姿勢を、次のように繰り返し記していた。

　張は飽くまで日本に結びて其勢力を張らんとの意思なる事は疑なし。我出兵に付ては、張は支那の国情に於《おい》て体面上之に抗議せざるを得ざるも、内実は我を排斥するものに非《あら》ず。その辺の真相は諒解を求むる張の希望なり(2)。

原は、明快に張作霖の対日姿勢に呼応する姿勢を書き付けている。だが、その原は、一九二一年一一月一四日、東京駅で暗殺されてしまう。

原没後、しばらくの時を経て、一九二七（昭和二）年四月一九日、陸軍大将の身分から政友会総裁に就いていた田中義一が政友会内閣を組織する。その一方で、満州の直接的支配を強行しようとする諸勢力が、田中失脚の機会を窺っていた。張作霖は、田中首相の好意的な姿勢を良しとするも、日本国内における反張作霖派の存在に警戒感を強めていた。

田中は最後まで張作霖との連携を保ち、張の南満州地域での影響力を利用する方針を崩さなかった。しかし、陸軍内部も含め、張との関係を断絶し、南満州の直接支配を意図する陸軍内部の強硬派と、田中内閣の外務次官であった森恪《もりつとむ》らが中心となって、田中をはじめ、張作霖との連携維持を図ろうとする動きを封じようとしていた。

また、張作霖・張学良親子を葬ることによって、早期の直接支配を意図したのが関東軍の急進派

上：田中義一
下：張作霖

将校たちであった。

張作霖の田中義一宛書簡

蔣介石の北伐で北京《ペイジン》を離れざるを得なかった張作霖は、そのことを予測するかのように、再三にわたり日本との接触を試みていた。

張作霖はなかでも、田中義一の影響力を多分に期待するところがあり、何通もの田中宛書簡を認《したた》めている。そのうち二通の田中宛張作霖書簡の一部を引用しておきたい。

最初の手紙は、田中義一が政友会総裁時代である。中国の上海《シャンハイ》では一九二五年に五・三〇運動が起き、反日気運が高まっていた。混乱の度を強めていた頃であり、一層日本との連携を請う書簡が寄せられていた。日付は「大正一四、五、二〇」とある。

田中総裁閣下

今年以来国内の軍事行動に時間を取られ、挨拶ができませんでした。両国は隣同士で、関係は緊密であります。日中友好への御尽力のお蔭で、互いに親善を篤くしております。私は感服の極まりでございます。今後日中の友情が日々親密になること、両国がこの上ない評価を得ること、互いの僑民《きょうみん》〔海外居留民〕が、末長く安全で健康であることを唯願っております。これは私の切実な願いで、これより于《ユー》〔沖漢《チョンハン》〕総参議〔東三省保安総司令部参議〕を閣下のところへ派遣し、

私の意見を述べますから、ご負担をお掛けしますが、彼に会っていただけることを願います。(3)

書簡に登場する于沖漢は、黒竜江省督軍署書長や中東鉄路董事《ドォンシィー》（理事）などを務めた経歴の持主である。于は、東北政務委員会委員兼東北辺防軍司令長官公署参議などを歴任した袁金鎧《ユァンジンカイ》と共に、奉天文治派の双璧として、張作霖が最も信頼し、重用した人物である。その于を田中のもとに派遣して、張作霖自身の希望を直接に伝えようとしたのである。

さらに次に引用する手紙は、田中が首相に就いた一九二七年四月、張作霖爆殺の前年に記されたものである。

田中総理大臣閣下

閣下が総理大臣に就任の電信を頂き、喜びを申し上げます。閣下が天皇の大命により大任を任され、日中両国の友好を促進することは、私個人の望みであり、喜びの極みであります。共産主義の影響力が増し、世界中共に怒りを抱いております。我が国は不幸にも、不良分子が、その宣伝に乗じられております。私は、この美しい国が共産主義勢力の手に落ちることを深く恐れています。それで、重大な犠牲も惜しまずに、これを駆逐するために努力しています。幸い天の助けもあり、豫南《ユーナン》〔河南省南部《ホーナン》〕、蘇《スウー》〔江蘇省《ジアンスー》〕、皖《ウァン》〔安徽省《アンフィ》〕などで、連日勝利を収め、要所首都〔北京〕の共産党組織の破壊にも成功しました。日本の支援を獲得し、民心は益々安堵しており

ます。〔日本と中国は〕歯と唇のような関係であると思います。（後略）(4)

張作霖は、田中以外の日本の政治家たちとも果敢に接触を試みていた。例えば、短命内閣ではあったが首相経験者の清浦圭吾《きようらけいご》を代表とする一団が、北京入りした折にも会談に臨んでいる。以下は、一九二六年九月二五日、清浦の一行と会談した折の張自身の発言である。日本側の出席者は、清浦の他に藤村義朗《ふじむらよしろう》(5)、池田長康《いけだながやす》(6)、土肥原賢二《どひはらけんじ》陸軍中佐等であった。なお藤村は、三井物産取締役などを務め、貴族院議員となり逓信大臣などを務めた。池田は山城銀行頭取など経済界で活動し、貴族院議員（公正会所属）を務めた人物である。

その席上での、張作霖の発言を少し長いが引用しておく。

露国の赤化政策は非常なる勢力を以て極東に邁迫《ひっぱく》しつつありと既に其の勢力に入り、内蒙又漸《ようや》く赤化せんとしつつあり、而も彼等の筆法は吾が国人に軍餉〔軍資金のこと〕と兵器を供給して此れを傀儡《かいらい》とし、その野望を逞ふせんとするものして、馮玉祥《フォンユーシアン》軍の如き事実赤旗を使用せるを、現に南方の蔣介石は露国の援助下に北伐軍を進めつつありて、広東《グアンドン》、漢口《ハンコウ》一帯に於ける彼等の諸施設に見るも、之か一班を窺ふに足るへし。即ち余は此が防止の第一線に立ちあるものにて、日本の利害にも多大の関係を有する事柄なるに依り、予は日本との協力を切望し、縷々《るる》人を東京に派し、日本政府要路の意向を確めるも、何等の回答なしとて稍々《やや》不平を洩し、且之か為め執拗に日本の援助を得度《た》き意を仄かしたるも、又数月前英国領事来り。赤化防止の必要を説き協同を要請したるも、予は日本との関係深き処《ところ》に、之に応ずるを欲せず。寧《むし》ろ日本側の同意を得ざる限り、之に答えざる考えなり。(7)

張作霖は赤化防止のために日本との連携を要望するも、日本の対応に不満を率直に漏らす。田中と張作霖とが赤化防止の点においても深い連携を模索していたことを強調する。

張作霖が日本との関係を堅持しようした背景には、日本と中国の連携強化が赤化対策として重要だと認識していたからである。だが、それ以上に満州の利権拡大を急ぐ日本を牽制し、自らの地盤を保守するためにも、日本との連携が不可欠と判断していたのである。

日本政府は、張作霖と蔣介石のいずれかに完全に肩入れすることなく、機会を観て対応する基本姿勢であった。そのことを、張作霖に見透かされていたのである。

蔣介石・田中義一会談

さて、張作霖から熱い期待を寄せられていた田中首相は、張作霖との連携を図る一方で、張と対抗関係にあった蔣介石とも対話のルートを保っていた。張作霖が見通していた通りである。

一九二七年八月二四日、北伐を進めていた蔣介石は、南京《ナンジン》国民政府と武漢《ウーハン》国民政府との間に起きた寧漢《ニィンハン》戦争に敗北する。これを契機に下野し、九月二八日、国民革命軍総司令部総参議であった張《ジャン》群《チュン》を帯同して来日する。続いて一一月五日、田中義一首相と青山の私邸で秘密裏に会談（通称「青山会談」）する。日本側の出席者は外務政務次官の森恪、陸軍少将を退任し、翌年の一九二八年に衆議院議員に当選する佐藤安之助《さとうやすのすけ》である。

田中義一は、蔣介石に対して北伐を進め、軍閥を統制して中国の統一を求めたという。儀我壮一郎の論文によれば、これに対して蔣介石は、田中に「私だけを援助して下さるのか。つまり、張作霖を見殺しにする決意が、日本政府および田中首相におありですか」と鋭く詰め寄ったという。[8]

だが、これに田中首相がどのような返答を行なったかは定かでない。この会談の折に蔣介石が中国統一政府を樹立した場合、日本がこれを容認すること、反共で日中両政府が足並みを揃えること、などの「密約」が交わされたとされる。

ただ、この会談の内容を含めて、陸軍中央周辺では張作霖の排除、蔣介石との提携を進める路線が固まりつつあったことは確かであろう。要するに、田中首相は張作霖と蔣介石の両者と直接間接に接触することで、双方の戦争に第三者として支援し、双方の戦力を削減し、その結果として日本の影響力の増大を図った、とするのが現在では通説となっている。[9]

それに関連して、儀我論文は「張作霖爆殺には「成功」したが、その結果は、張作霖打倒派と張作霖利用派の両者を含む日本の支配層にとって、「不利」な状況を生んだとする。その打開策としての一九三一年九月一八日の「満州事変」は、日本の国際的孤立をもたらした。その後の日本は、侵略戦争の継続と拡大、そして敗戦への道を辿るのである」[10]と指摘する。

以上の点から、張作霖爆殺が満州事変の引き金となり、満州事変が錦州爆撃を結果したと一連の動きを関連させ、一つの歴史として捉えることができる。次に、張作霖爆殺の実相を追ってみよう。

張作霖爆殺

以上で示したように、張作霖は田中義一をはじめ、日本の要人と果敢に接触するなかで、中国東北地域への日本の直接支配を回避しようと懸命であった。その一方では、張作霖の動きを封じ、軍事力の発動による直接支配を強引に押し進めようとする関東軍急進派将校たちの動きが顕在化してくる。

石原莞爾（毎日新聞社提供）

一九二八年六月四日、張作霖は鉄路にて根拠地の奉天《フォンティエン》（現在の瀋陽）に帰還中、関東軍の謀略により爆殺される。張作霖爆殺事件である。当時日本では満州某重大事件と呼ばれた。張作霖の爆殺に関わった関東軍将校の氏名がやがて判明する。河本大作《こうもとたいさく》である。河本を中心とする実行グループの背後にいたのが、石原莞爾関東軍参謀であった。

関東軍参謀の石原莞爾中佐は、一九二七年七月、「北満参謀旅行」を認《したた》めていた。代表的な解決策として「国運転回の根本国策たる満蒙問題解決案」を参謀本部に提出していた。その主要部分だけを書き出しておく。

一、満蒙問題の解決は日本の活《い》くる唯一の途《みち》なり
1　国内の不安を除く為には対外進出によるを要す
2　満蒙の価値（略）
3　満蒙問題の積極的解決は、単に日本の為に必要なるのみならず、多数支那民衆の為にも最も喜ぶべきことなり　即ち正義の為め日本が進んで断行すべきものなり（後略）
二、満蒙問題解決の鍵は帝国国軍之を握る
1　満蒙問題の解決は、日本が同地方を領有することによりて始めて完全達成せらる
2　対支外交即ち対米外交なり　即ち前期目的を達成する為には対米戦争の覚悟を要す⑪

明らかに張作霖の日本への期待を、真っ向から否定するものであった。石原は、満蒙問題の解決のために同地の領有は必須であり、それこそが長年にわたる満蒙問題に絡む国内での対立・紛争を一気に解決する唯一無二の選択だと主張する。満蒙領有が「国運転回の根本策」とする主張は、以後対中国方針の大きな潮流を生むことになる。一種の覇権主義の徹底である。

赤裸々な覇権主義を貫徹しようとすれば、自ずと最終的には、対米決戦に立ち至るとしたのである。そこで石原は各界に向け、先ずは対米決戦の覚悟を説いた。よく知られた石原の「世界最終戦論」の嚆矢である。(12) アメリカを筆頭とする諸外国との対立・軋轢《あつれき》を生むと予測されたこともあり、石原の主張は、少なくとも一九三〇年代後半期までは抑えられてきた。

石原の主張の真意は、満蒙領有と対米決戦をワンセットとして位置づけることにあった。日米決戦が回避不能となってきた時点で、石原の主張は注目されるところとなる。そうした意味からすれば、日米決戦の深淵を遡れば、錦州爆撃にまで行き着くのである。

ところで、石原を筆頭とする関東軍急進派将校たちの強引な手法に強い不満と不信とを抱いた人物が関東軍にいた。その一人が松井七夫《まついななお》である。松井は、一九二二年八月、第六師団の第二三連隊長から関東軍高級参謀に転じ、翌年一一月には、奉天特務機関長となった。中支那方面軍司令官や上海派遣軍司令官を歴任した松井石根《まついいわね》は、七夫の実兄である。

松井七夫は、一九二四年八月、支那政府から招聘されて張作霖の軍事顧問を務めた。張作霖とは親密な関係にあったが、張作霖爆殺事件を契機に日本に帰国する。

『田中義一関係文書』に収められた松井七夫の証言を以下に引用しておく。引用中段の松井と田中との会話に注目されたい。

錦州出動阻止のむしゃくしゃ腹が爆死事件の直接的原因なりと断定するも、箇に決して正鵠を得たものとは云《い》ひ難いであろう。当時政府は奉天軍の山海関以東に入るを絶対に阻止せんと決していた。口頭を以て芳澤《よしざわ》〔謙吉《けんきち》〕公使から張作霖に述べられた声明は、その意味に於て強硬であったのである。若《も》し強いて入るならば之を山海関に於て掃蕩《そうとう》せんとしたものである。

之がため錦州集結の準備をなさしめたのである。然《しか》るに奉天軍は戦意を失った。然かも戦意を失った此の奉天軍を入れぬと云ふ強硬な態度であった。

それで私は急遽東京に上り、首相に面謁して、

『〔松井〕戦さもしないで温順《おとな》しく引き上げる軍隊に対し、掃蕩の必要がなければ武装解除の必要はないではありませんか』

『〔田中〕それはお前の云ふ通りだ。』

『〔松井〕それなら如何致しますか。』

『〔田中〕それは腹芸よ。俺からもそう訓令するようにしてやらう』

と云ふ会話を交えたのである。(13)

松井は、関東軍の高級将校でありながら、他の強硬派の将校達とは深い溝ができていた。その怒りの矛先を同じ見解を持っていた田中義一にぶつけるしかなかったのである。松井の苦渋ぶりが、透けて見える証言である。

さて、田中義一首相は、張作霖爆殺に関連し、昭和天皇に最初は日本軍人の関与を仄めかす上奏を行なっていた。ところが、急進派の陸軍中堅将校たちからの批判を受け、二度目の上奏で日本軍人の関与を否定するかのような発言を行なったため、事件の真相を大方把握していた昭和天皇の怒りを買ってしまう。それが、田中内閣総辞職の引き金となったことは、良く知られている通りである(14)。

田中内閣が総辞職し、政界を去ったこともあり、張作霖を継いだ張学良と日本政府とのパイプが一気に細くなっていく。そのことが、陸軍急進派を勢いづかせ、満州事変を引き起こす起点となったのである(15)。

その三年後の一九三一年九月一八日、満州事変が起きる。

2　満蒙問題の解決を急ぐ――関東軍と陸軍中央の確執――

満州事変起こる――錦州爆撃命令の発出

張作霖爆殺後、関東軍は一気に中国東北地域の直接支配をめざす。一九三一（昭和六）年九月一八日午後一〇時半頃、関東軍が行動を起こした。満鉄の奉天駅東北七・五キロメートルの位置にある柳条湖《リウティアオーフ》付近で、満鉄の軌道が爆破される。これを口実に、柳条湖付近の北大営（独立第七旅の兵力約六八〇〇名）と、奉天城（城内外に約八〇〇〇名）への攻撃命令が、関東軍高級参謀であった板垣《いたがき》征四郎《せいしろう》によって発出された。

北大営の攻撃には、関東軍独立守備歩兵第二大隊及び第五大隊、奉天城の攻撃には関東軍独立守備歩兵、奉天城には奉天駐箚《ちゅうさつ》第二九及び遼陽《リアオヤン》に駐屯する第一五旅団がそれぞれ担う。この結果、丸一日の間に関東軍は、長春《チャンチュン》等の一部を除き、満鉄沿線の主要都市のほとんどを占領する。さらには、同月二一日には満鉄沿線以外の吉林《ジーリン》省の省都吉林市を占領。

一九三一年の九月一八日以降、関東軍は鞍山《アンシャン》、丹東《タントン》、四平《スーピン》、長春などの諸都市を次々と軍事占領する。同時に、これらの都市間を繋ぐ鉄道沿線地区を占領していった。

勢いを得た関東軍が一気に吉林を占領すると、慌てた参謀本部は、九月二四日、関東軍に事変不拡大を命令する。哈爾浜《ハーアルピン》と間島には、一切手を出してならない、と厳命する。関東軍を暗に支持していた参謀本部も、ここに至っては事態の進展を深刻に受け止めざるを得なかったのである。

ここで関東軍と参謀本部とでは、作戦の展開に齟齬《そご》が目立ってくる。参謀本部は事変直後の成果で十分と判断していた。しかし、勢いを得た関東軍は予想外の進捗状況を踏まえ、一気に満州全域の占領を目指す。

ところで、関東軍は自らの計画を既に陸軍中央に送付していた。「満州問題解決案」である。満州事変後、九月二二日に関東軍の主だったメンバーが陸軍中央に告知する目的で作成したものだ。

メンバーは、参謀長三宅光治《みやけみつはる》、板垣征四郎、土肥原賢治、石原莞爾、片倉衷《かたくらただし》たち。いずれも自他ともに許す強硬派揃いである。そこでは清朝最後の皇帝愛新覚羅溥儀《アイシンジュエルオブーイー》を宣統帝《せんとうてい》とし、東北四省と蒙古とを領土とする「支那政権樹立」が打ち出されていた。

ここから若槻内閣とだけでなく、肝心の陸軍中央と関東軍との猛烈なせめぎ合いが始まった。関東軍独走の前兆である。統帥機能を失っていたかのような陸軍中央は、打つ手がない。その隙間を突いて、関東軍は次々と強硬な動きに出る。

奉天から撤退を余儀なくされた張学良の東北軍は、中核部隊及び司令部機関を錦州に後退させ、錦州を中心とする防衛体制構築に注力する。

張学良は、九月二三日、錦州に東北辺防軍司令長官公署行政公署と遼寧省政府行政公署を置き、張作相《ヂャンズオシアン》を辺防軍令長官代理に、米春霖《ミチュンリン》を省政府主席代理（代理知事）に任命する。さらに栄臻《ロンジェン》は、東北辺防軍司令官公署の人員を率いて錦州に入り、直ちに執務を開始した。

この間、東北軍は一切不抵抗であった訳ではない。九月二四日、朝鮮から派兵されてきた第二〇師団麾下の第七八連隊（駐屯地は朝鮮京畿道龍山《ヨンサン》）の守備する奉天の兵器工場を襲撃し、同月二八日には南嶺《ナアンリィン》に展開していた第二師団（仙台）の兵営を夜襲する。錦州爆撃の後も一〇月一一日に営口《インコウ》の日本軍守備隊を襲い、同月一六日には昌図《チャントゥー》（遼寧省鉄嶺市）を攻略した。二三日には、瀋陽以西の李官堡《リィーグヮァンプゥー》付近の日本軍守備隊に攻撃をかけた。

東北軍の動きに対応して、日本軍は遼西侵攻を目的として大石橋《ダーシーチャオ》（遼寧省遼東《リアオドン》半島遼東湾基部）に新しい飛行場を建設していた。関東軍は一〇月二日の首脳会議で、すでに錦州政府覆滅の方針を決めていたのである[16]。

一連の東北軍の抵抗ぶりを察知した関東軍は、東北軍の中枢への攻撃が不可欠と判断する。そこで本庄繁《ほんじょうしげる》関東軍司令官は、二つの飛行中隊による錦州爆撃を命令する。一〇月八日となり、本庄司令官は瀋陽東塔《ドォンター》空港に駐在する独立飛行第一〇中隊に対し、錦州地区を空中偵察、爆撃目標を確定するよう命令を下した。関東軍は、これらの爆撃目標の空中写真と、錦州に派遣されていた偵察員からの情報に基づき、主な爆撃目標を確定する。こうして錦州爆撃が始まったのである。

錦州爆撃命令の発出過程については、種々の史料に若干の違いが見られるものの、明確なのは極めて用意周到なる爆撃計画が練られていたことである。

また、関東軍内部にも賛否がありながらも、錦州爆撃が石原莞爾中佐を中心とする作戦行動の一過程として引き起こされたことは間違いないとされている。

錦州爆撃が石原中佐によって進められたことを確認するうえでは、次の史料がある。とりわけ関東軍参謀部が、一九三一年の七月から八月頃に作成したとされる「〔参謀本部昭和六年度〕対支謀略に関する意見」の「第四　対支作戦」において、「我占領地に支那政権を存置するは不可なり」とする強い姿勢が示されていたことは注目される[17]。

横山臣平の記録

錦州爆撃で自ら出撃機に搭乗して指揮した石原については、多くの証言記録や評伝類が残されている。いずれも一次史料とは言い難いが、そのことをふまえた上で、石原莞爾と陸軍士官学校の同期であり、同じ山形県を故郷にし、東京中央幼年学校から山形歩兵第三二連隊の士官候補生として、長らく同じ道を歩んだ横山臣平《よこやましんぺい》の記録を引用しておきたい。横山の書である『秘録 石原莞爾』は、石原と錦州爆撃を知るうえで格好の記録でもある。やや誇張や物語性が目立つが、以下に引用しておきたい。

〔一九三一年〕十月八日の正午過ぎだった。

塚田《つかだ》〔理喜智《りきち》〕少佐は、石原参謀に呼ばれて、その部屋に入り

「何かご用ですか」

ときくと

「うん、飛行機は出動できるかい」

「全機出動できます」

「よし、爆弾を積んで全機出動準備」

塚田少佐はどこへ出動するかわからないが、とにかく命令通りの手配をした。

すると間もなく、石原がのっそり飛行場にその姿をあらわした。ふだんの服装である。彼は整

列している飛行将兵を前にして命令を下した[18]。

石原はその場で全機出動の命令を発し、戦闘行動については、司令機に搭乗する石原が上空にて伝達するとした。高度な軍事機密であり、陸上基地での秘密漏洩を避ける意味で上空において作戦行動の伝達をするとした。そして横山の記録では全部で一二機での戦闘行動としたが、その飛行先は不明であったとする。命令を受けた搭乗員たちは、一旦離陸してから上空で編隊を組み、西方向に向けて飛行する。

まもなく錦州上空に達し、空爆を開始する。そして、瀋陽に帰還した石原に関東軍の参謀が問い質す。石原は「錦州へちょっと」と返答。参謀は「錦州をやったんですか」と詰問。石原は、「錦州に爆弾なんか落としゃしない、落としたのは郊外の兵営だ」と返答。石原は続けて言う。

いかに弱体な錦州でも、二〇キロ爆弾の六十発や七十発で吹っ飛ぶもんじゃない。政府の不拡大方針と国際連盟理事会が吹っ飛べばいいと思ってやったんだ[19]。

これは横山独自の〝語り《ナラティブ》〟であろう。だが、これに近い表現で石原が口にしたことは想像できる。だとすれば、ここでのポイントは石原が錦州爆撃を無差別爆撃と認識していなかったこと、爆撃の効果を期待したのではなく、若槻内閣の不拡大方針撤回を要求した政治行動としての認識であったことが知れる。関東軍の軍事行動に、不拡大方針を持って臨もうとする若槻内閣の方針転換をも強要していたのである。

その意味で一九三一年には三月事件と一〇月事件、その間に起こされた九月一八日の満州事変と、国内外で軍部が仕組んだ三つの〝クーデター〟事件が起きているが、錦州爆撃は四つ目のクーデターといえようか。

ただ、錦州爆撃から帰還した石原にとっては、国際連盟をはじめ、国際世論がいかなる反応を示すのかについては、予想を超えたものであったと推測される。それに左右されることなく、強硬な姿勢を崩さなかった石原ゆえに、満州事変の「立役者」としての地位を得ていくことになったのであろう。

独走する関東軍—石原に不信感を抱く

ところが、独断で事を進めていく石原の動きに、さすがの参謀本部も手を焼き始める。そこで、参謀本部の統制を嫌って独断専行する石原参謀らを牽制するため、当時参謀本部第二部長（情報）の職にあった橋本虎之助《はしもととらのすけ》少将が、九月二八日に奉天に派遣された。橋本は、石原等の行動を座視できないとして抑え込もうとしたが、功を奏さず帰国する。

もう一人、石原の動きに不信感を抱いていた人物がいる。当時関東軍作戦主任参謀に就いていた遠藤三郎《えんどうさぶろう》大佐である。遠藤は、その日記のなかで、一〇月八日の錦州爆撃が実行に移された当時、奉天に帰還した石原が搭乗する出撃機の帰還を待ち、そこでの様子を以下の如く記す。

十月八日（木）曇〔略〕本日、飛行機十一台を以て爆撃せしめたりと。慎重なる態度に出《い》でざれば寧《むしろ》、国際上、不利なる態勢に陥るべきを恐れ、その不可なるを具申しありしを以て夕方、此の爆撃に同行せる石原参謀の帰着を俟《ま》ちて、その着想を確め、これが善後策処置の必要上、橋本〔虎之介〕少将に報告せしも橋本少将以下一同、これを信ぜず。

予が石原参謀に嘲《ちょう》ろうせられあるものと解せしを以《もっ》て同行し、塚田〔理喜智〕参謀の来室を求め聴取せんに、予の石原参謀に聴取せしものと全然同様にして、飛行機十一機が二十五キロ爆弾七十五発を投下せりとのこと〔以下、略〕。[20]

当時参謀本部第二部長であった橋本少将は、満州事変後、奉天に派遣されており、石原グループには批判的な姿勢を採っていた。橋本は、参謀本部に内密で錦州爆撃を強行した石原中佐に激しい怒りを抱いていた。遠藤の日記は、そのことを明らかにしている。

遠藤は自らの日記のなかで、本庄繁関東軍司令官の承認を得て、錦州爆撃に向けて一九三一年一〇月五日に第一次命令が下され、翌六日に錦州付近の偵察、省政府と兵営の写真撮影を実施する計画が決定された、と記録している。そこにおいて、口頭命令で北京と奉天〔瀋陽〕とを結ぶ京奉線に損害を与えることは不可とされたとする。

これが事実であれば、本庄司令官の命令も、欧米諸国を極力刺激しない配慮だけは怠っていなかったことになる。ただし、この司令官の承認の是非については定かでない。六日に予定された偵察飛行は、雨のため中止となった。

この時点で張学良が錦州に政権所在地を移転する計画であったかどうかは別としても、石原を中心とする関東軍参謀たちは、一切の政権の存在を許すことなく、満州を軍政下に置くことを企画していたのである。そして、錦州に政権移転が実施されるや、間髪を入れることなく同地を攻撃占領することが決定される。その先鞭をつけるために空爆を敢行し、関東軍の強い意志を国内外に示そうとしたのであった。

なお、遠藤は関東軍作戦主任参謀などを歴任後、第三飛行団長に就く。そして、一九三八年一二月から開始されていた重慶《チョンチン》爆撃（一〇二号作戦）の折には、上官である第三飛行集団長であった木下《きのした》敏《はやし》陸軍中将に「重慶爆撃無用論」と題する意見書を提出する。

爆撃効果の問題に加え、無差別爆撃となる作戦が欧米諸国に反発を招くことを懸念していたのであろう。これが重慶爆撃を中止するひとつの契機になったとされる。関東軍高級将校として錦州爆撃を身近で体験した遠藤にしてみれば、都市無差別爆撃が非人道的で国際法に違反するとの判断を抱いていたのであろう。錦州爆撃の記憶が左右したのかも知れない。

関東軍の動きに押されながらも、陸軍中央は満州を一体どうしようとしたかったのか。参謀本部の「〔参謀本部昭和六年度〕情勢判断に関する意見」を観ておこう。同文章は、関東軍参謀部が一九三一年の七月から八月頃に作成したものとなっている。

そのなかで「第一　綱領　二　戦争終局目的」の⑵項には、「帝国の国策は満蒙の獲得を第一義とす　之か為には支那と平和的手段を以て解決し難し　従て絶えず日支開戦情勢を醞醸《うんじょう》するか如く各種の手段を必要とす[21]」と記されている。

ここに示された「各種の手段」が、軍事行動を指すのは間違いないであろう。そのうえで、「第四　対支作戦」の方針のなかで、「⑴我占領地に支那政権を存知するは不可なり[22]」と断言する。言うまでもなく、後に錦州に移動した張学良政権排除の断行は、こうした意見を実行に移したものであったのである。

この参謀本部作成の「情勢判断に関する意見」は、かねてからの石原莞爾の構想と一致する。陸軍中央は、関東軍の行動を必ず容認するはずだ、と石原自身が確信するに充分な内容であった。実際に石原は同年五月に「満蒙問題私見」を作成しており、そこでは「満蒙問題の解決」には、「⑴満蒙を我領土となすことは正義なること　⑵我国は之を決行する実力を有すること[23]」と主張していたのである。だが、陸軍中央は、石原の独走を全面支持していたわけではない。あくまで陸軍中央の主導の下に、満州支配を進める方向であった。陸軍中央は、同年六月に建川美次《たてかわよしつぐ》を委員長とする「五課長会議」を開催する。そこで石原をはじめとする関東軍に、「隠忍自重」を求める決議を行なっていた[24]。両者は激しいせめぎ合いを続けながらも、目標は同一であった。ただ、どちらが目標達成まで主導権を握るのか、という問題であったのである。

陸軍中央と関東軍との軋轢が続いたが、最終的には関東軍が独走し、陸軍中央が追認するパターンとなる。日本が中国東北地域を直接支配しようとしたのは、張作霖を継ぎ、錦州に新たな拠点を敷いた張学良政権自体の排除を不可欠とする判断があったのである。

関東軍及び陸軍中央を中心とする硬直した対中国政策の結果、張学良の政権排除が既定方針となっていた。これは、張作霖との関係を維持し、満州の間接支配を意図していた田中義一政権時代からの大きな転換であった。

表向き関東軍は謀略事件の形式を踏みつつも、その内実は参謀本部を中心とする陸軍中央の計画が起点となっていたと通説では捉えられてきた。そこには相互に事変後の対満州・中国の進展をめぐり、齟齬や対立があったことも事実である。

こうした通説をより詳しく言えば、確かに満州事変は陸軍中央の統制を逸脱し、関東軍主導の下で実行に移された。その主導者は、繰り返すように、関東軍参謀の石原莞爾を中心とするグループであった。だが、石原たちはあくまで現地の実行者であって、最終的には陸軍中央、とりわけ参謀本部の強硬派たちとの連携なくして、いわゆる謀略も不発に終わった可能性が高い。その意味で、満州事変は、関東軍の単独行動とは言い切れず、陸軍中央及び軍部の計画を支持する日本政府内外の要人たちや組織の支持があったことも間違いないことである。

すなわち、関東軍及び軍部を直接間接に支持した森恪を筆頭とする政友会幹部など、政治家たちの存在も大きかった。さらにはこれを好機として、同地域に経済覇権を求めようとした日本の企業家たち、一九二〇年代前後から対中国武器輸出により莫大な利益を得ていた軍需産業及び武器輸出業者たちの、いわば総意として満州事変が計画され、実行に移されたのである。

いわゆる関東軍の謀略が〝成功〟する背景には、石原らの大胆な計画が必要であったとしても、これらの総意と陸軍中央の暗黙の了解があったために、関東軍の石原たちは動くことが可能であった点を見逃すわけにはいかない。

ここで、あらためて問わざるを得ない。日本陸軍や参謀本部にとって、満州事変とは何であったろうか。錦州爆撃が決して石原たちの単純な思いつき的な作戦行動ではなく、そこに日本陸軍の、さらには日本の対中国認識を踏まえた軍事力の発動であったのではないか。爆撃自体が非常に計画的であり、政治的効果を最大の目的とした点に注目しておきたい。

これに関連して、参謀本部が満州事変の起きる一九三二年三月に発行した『満州を繞《めぐ》る国際戦』と題する冊子の奥付には、「宇都宮泰長」の名で、「これらの事実関係から、関東軍の専横、謀略による事変と史観的認識があるにしても、軍中央の「日本の満蒙に於ける特殊地位を確保する」といった、作戦指導（国防政策）の結果と認識すべきであろう[25]」と記している。

つまり、満州事変は参謀本部及び陸軍省の課長級という陸軍中央の中堅将校の既定方針に則り実行された、とする結論を示しているのである。満州の地を「日本の特殊権益」の場と設定するのは、軍部に限らず、満州を帝国領土の一部と認識する既得権益論者にとって歴然たる共有認識となっていたのである。

そうした言説が、日本国民の多くを捉えて離さなかった。満州は帝国日本と日本国民（戦前の憲法では〝臣民〟と言った）が、「自衛」するために「必要不可欠なる土地」とする定義は、この時代の日本国民の心情の奥底に息づいていた。それを参謀本部編刊の前掲書は、繰り返し強調していたのである。

爆撃に及んだ真相が「必要不可欠なる土地」の奪取にあったとしても、主権国家の土地を奪い、無差別爆撃という挑発により戦線を拡大し、中国を軍事制圧しようとする意図は隠しようもないものであった。国際都市錦州の爆撃は、同時に欧米諸国との軋轢を決定的にもしていく。満州事変そのものが平和の時代に後戻りできない一大転機と本書の冒頭で記した通り、日本の侵略主義・膨張主義を強く世界に知らしめてしまったのが、錦州爆撃であったと言えよう。

表面上は石原の独走として始まった満州事変だが、事変の規模や具体的な展開の最終決定は、陸軍中央の統制下にあったはずだ。だが、石原の性急ぶりに陸軍中央が振り回され、それが軍全体の統制を欠いたとする見解を生じさせる理由にもなった。

日本陸軍とその周辺に位置する人々は、第一次世界大戦を契機に国際社会の一大潮流として登場してきたデモクラシー運動に脅威を感じていた。台頭する労働者の権利拡大の動きを封じ、政党政治の伸長を抑えるために、強権政治の確立を所望したのであった。そうした総意を背景として選択されたのが、外地でのクーデターとも言える満州事変であったのではないか。

繰り返すが一九三一年は、三月事件と一〇月事件と呼ばれたクーデター未遂事件も発生しており、政党政治の安定と確立による日本型民主主義への道か、軍部を前衛とする軍ファシズム政治の確立かの、文字通り岐路となる年でもあった。

満州事変から錦州爆撃へ至る経過と、陸軍の動向については、第二章・第三章で改めて詳述する。

3　独走か、並走か——日本孤立への道——

事変正当論

満州事変とは、戦前の日本がアジア太平洋戦争に踏み出す大きな転換点であった。関東軍により中国東北部の主要な都市が、次々と軍事占領されていく。その延長戦上に実行された錦州爆撃に関連して注目したいのは、満州事変を背景に、日本側の極めて独善的な事変正当論が繰り返されたことである。錦州爆撃に踏み切った理由として、関東軍は自らの正当性を強調し、批判を回避することに懸命となっていく。

日本敗戦の起点とも言える満州事変以降、総じて事変正当論が軍部やメディアの宣伝の効果もあってか、日本社会に着実に浸透していく。その事変正当論の根底に据えられていたのが、「満州生命線」論である。それに関連し、前節でも取り上げた参謀本部編『満州を繞る国際戦』の「結論

第三回太平洋会議に於ける日本代表の演説要旨」なる章を引用しておきたい。

第三回太平洋会議とは、アジア・太平洋地域諸国を対象とし、各国民間人の相互理解と文化交流を目的として設立された太平洋問題調査会（Institute of Pacific Relation, IPR）が主催する国際会議である。同会議では、新渡戸稲造《にとべいなぞう》が議長を務めた[26]。

第一回を一九二五（大正一四）年六月三〇日から七月四日までハワイのホノルルで開催して以来、第二回を一九二七（昭和二）年七月一五日から二九日まで同地で開催した後、第三回が一九二九年一〇月二三日から一一月九日まで、京都で開催された。会議には日本、イギリス、アメリカ、中国、オーストラリア、カナダ、ニュージーランドはじめ、二六ヶ国から五八〇名が参加。これに日本人参加者二六〇〇名を加え、合計で三二〇〇名が参加する大規模な国際会議となった。大会の標語として掲げられた「自由、率直、且つ大胆に」のスローガンの下で、白熱した議論が展開される[27]。

なかでも日本代表の松岡洋右《まつおかようすけ》前満鉄副総裁と中国代表の徐淑希《シューシューシー》燕京大学教授との間に満州権益をめぐる激しいやり取りが行われ、メディアの注目を集めた。徐は国民政府外交部委員会委員から、外交部長兼国民党中央政治会議委員などを歴任。当時国際連盟調査団中国代表処専門委員であり、後に国際連盟中国代表団専門委員・法科研究所所長にも就任する。戦後はカナダ大使などを務めた[28]。

松岡は同会議における演説のなかで、「支那現在の国情は前記の如き日本の特殊権益を確保するの必要を益々痛切に感せしむる」[29]としたうえで、以下の主張を展開し、満州が日本の不可欠なる地域だと論じる。

日本は自国の存立の必要上是非共満州に於て現在の地位を維持するの要がある。周知の如く日本は国土狭小人口過剰の国である。剰《あまつさ》え年々百万近くの人口が増加していく。之に対する食料品は、其の主食たる米に於て既に一千万石の不足を告げ、或《あるい》は朝鮮、台湾等より移入し或は印度其の他の外国より輸入して間に合わせている。

其の他小麦、大豆、大豆粕等の輸入も相当多額に上っている。斯《か》かる状態に在る日本としては、如何にして満蒙を以て過剰人口の捌《は》け口と為《な》し、国民の食料品の供給場と為さざるを得ない。是《こ》れ日本が経済的立場よりする自衛の手段である。(30)

これが、明治の時代から繰り返し論じられてきた「満州生命線論」である。日本国家が生きていくうえでの死活問題として、満州は一貫して日本のターゲットとされてきた。「満蒙を以て過剰人口の捌け口」とする発想は、日清・日露両戦役以後、日本社会全体に広がった認識であった。

こうした認識は、昭和期に入り最初の政権を担った陸軍出身の田中義一首相により、すでに「大陸国家日本」論として主張されていた。「大陸国家日本」は、日本人に直接的に関わる課題として受け止められていたのである。先に引用した松岡の発言は、そうした野心を赤裸々に語ったものであった。

満州を「自衛の手段」として軍事力を用い、事実上の植民地とする根本方針は、勿論参謀本部だけの判断ではなかった。以上の方針を政策化し、実行に移す最初の役割が日本陸軍に託されたに過ぎない。日本陸軍の出先軍隊である関東軍は、陸軍中央の意向と完全に一致していたわけではなかったが、それは満州の獲得方法をめぐる相違に過ぎなかったと言える。満州を直接支配、換言すれば植民地化する点においては、何ら変わらなかったのである。

ただ、事変自体は関東軍の独断で急ぎ引き起こされたが、その計画性は十分に練られていなかった。そのこともあり、政治判断として拡大と不拡大が交錯していく。戦術的な意味において、政府内部での調整が後手に回ったことも確かだった。満州を事実上の植民地にする方針は、陸軍中央だけでなく、一九二〇年代後半から三〇年代にかけて、日本政府及日本国民の全体が同調していたといっても決して過言でない。そうした空気が、日本全国に横溢《おういつ》していたのである。

松岡洋介の演説を収録した『満州を繞る国際戦』の原本表紙には、「昭和六年三月二日受領」とある。日本陸軍の満州での覇権掌握を目途して作成されたとされる陸軍中央による「満州問題解決の方策大綱」（一九三一年六月）が決定される三ヶ月前である。

満州事変後についても、軍官民問わず満州事変正当論が展開される。特に先に述べた満州事変後の張学良の一連の動きに、日本の陸軍中央は強い警戒感を抱く。張学良の企図を放棄させる意味でも、錦州に拠点を移した張学良政権への批判を強めることになった。

例えば、陸軍省新聞班が編集発行した『満州不安の実相』の冒頭には、「満州事変後、東北の支那民衆は我が軍の治安下にあるを喜び、且張学良と絶縁した新政権の樹立を熱望して居るが、一方張学良の宣伝にかぶれて其指令下に動く敗残部隊の暴行、便衣隊の策動、土匪の横行等に依り、不安の状態が続けられては居る」[31]と記し、張学良政権が満州地域住民を必ずしも代表するものでないと断じていた。陸軍中央も関東軍も、張学良を支持する住民と張政権とを分離させることに懸命であったのである。

そして、錦州付近には約二万の兵力と砲約九〇門が配備されていると記していた。その内訳は、第一二旅と歩兵第八旅が錦州に、第一九旅が黒山《ヘイシャン》、打虎山《ダーフーシャン》、溝幇子《ゴォウハウゾウ》に、第二〇旅が義州《イーヂォウ》に、砲兵第六旅第一三団が北鎮《ペイヂエン》に展開中だとする[32]。ちなみに、旅とは日本の師団、団は連隊に相当する。団は二個連隊から編成されるのが通常であった。

日本陸軍は、張学良政権とその軍隊がいかに危険な存在であるかを宣伝する。これを排除し、東北地域の安全を確保することが日本帝国陸軍の使命だとする宣伝を展開し世論の支持獲得に注力していたのである。

国内では陸軍以外にも、満州事変を日本の大陸発展の好機と見なす言論が活発となり、出版物が相次いで刊行された。

一例を挙げれば、浄土真宗本願寺派の第二二世法主となり、伯爵の爵位を持つ大谷光瑞《おおたにこうずい》は、「満州における我権益は、支那政府により毀損せられたり。我国民は殺害せられたり。長江流域に於ては、我財産は損害せられたり。我国民は汚辱せられたり。而して何等為す所なく、拱手傍観せしは、我帝国政府外務省なり」(33)と、若槻内閣及び幣原《しではら》喜重郎《きじゅうろう》外相を激しく非難していた。

この大谷の主張が、陸軍中央及び関東軍、そして政友会や保守系世論に共通する反応であった。同時に日本国内の諸メディアも、同様の主旨で盛んに満蒙の危機を喧伝し、こぞって中国批判を展開していくことになる。

徐淑希と王正廷の日本批判

時間軸を少し戻すが、第三回太平洋会議が京都で開催されることが決定となるや、議論の中心が日中対立の争点である満州問題となることは必至と関係者に受け止められていた。一方の中国側は、一九二〇年代に入り、山東出兵など中国への圧力を強めていた日本の非を国際社会に訴える好機とみなし、日本に派遣するメンバー選出に相当の意を用いた。日本側も外務省などが中国の議論の展開次第では、日本が不利な情勢に追い込まれることを懸念し、民間人による国際会議だとしても出席予定の日本側メンバーには慎重な対応を求め、注視することになった。(34)

外務省外交史料館所蔵の「第三回太平洋会議支那問題円卓会議議事録　其ノ二（満州問題）」は、さきに引用した『満州を繞る国際戦』では紹介されなかった日中双方の出席者による激しい論戦を伝えている。

日中関係の争点が、それぞれ浮き彫りになったものだが、その一部を引用しておこう。

議事録は英文で記され、会議の出席者名簿が不在なので発言者の名は英語表記であり、それを踏まえて人物を特定していくしかない。

一九二九年一一月五日に行われたラウンドテーブル（円卓会議）では、司会者の発言に続いて、「Mr.Shushi Hsu」なる人物が発言している。徐淑希のことであろう。[35] 発音転記すれば、「シュー・シューシー」となる。

徐は日本政府及び軍人、或いは民間人がしばしば語る「満州の発展に貢献」したとの言説にふれて、「それを要約すると次のようになる。第一に、日本は満州の発展に貢献したのか、第二に、中国が支払わなければならなかった代償は少し高すぎはしないか」[36]と端的に中国側の不満と反発を述べた。

徐淑希

これに続いて松岡洋右が反論演説を述べ、同会議の議長を務めた新渡戸稲造らに絶賛されたとする記録がある。[37] 松岡の反論は、先に引用した『満州を繞る国際戦』で紹介した通りであった。両者の見解の相違は埋め難く、平行線を辿る。

もう一人、国民政府外交部長王正廷《ワンジョンティン》[38]と思われる発言を引用しておきたい。英文議事録には、「Mr.Wang of China」と表記されている。管見の限り、日本の研究論文のなかで、同氏の発言に触れた論考はない

王正廷

ので確定できないが、取りあげておきたいのは、「Mr.Wang」（王氏）の以下の発言部分である。[39]

　中国は、満州へのいかなる民族の移住も歓迎するが、植民地化は歓迎しないという内容の、やや長い声明を発表した。日本の経済的、人口的ニーズは移民によって十分に満たされ、植民地化はその政治的意味合いを含めて放棄できるはずだ、と彼は主張した。[40]（傍点引用者）

発言主旨は、日本の満州進出を全て否定するのではなく、日本の一方的な領土支配を「植民地化」（colonization）であると指摘する。あえて言えば、「満蒙植民地化」論だ。実際に関東軍の行動は、満蒙を植民地化することであり、王の発言はこの試みには毅然として拒否する姿勢を明確にしたものであった。

蔣介石の信頼の厚い外交官として対日外交を主導した王正廷は、その後日本の雑誌に、「日本と満洲」と題する論考を寄稿している。そのなかで「日本が直接満州の進歩に寄与したる結果に対して感謝の念を有するものであるが、是に対して支那の払はなければならぬ代償が高きに失するものではなかったか否か問ふた」[41]として、日本の貢献より犠牲のほうが大きかったことを問題にする。極めて穏当な表現だが、「Mr.Wang」の発言と絡めて言えば、日本の覇権主義が中国に及ぼしたものが、「満蒙植民地化」であったことを鋭く指摘しているのである。

日本側は日本主導による〝和平〟を望み、中国側はあくまで対等な関係での和平を求めていたのである。他国の領土と主権を侵している側が、それでも対等な平和を望むと語っても、犠牲を強いられていた中国側が真っ当に受け入れられるはずもなかった。十分な交渉も議論も成立し得ない状況下で、日本は武力によって我が意を通そうとしたのである。

ただ、時代を少し前に進めて補足的に言えば、王正廷は、一九三六年から駐米大使に就任するが、その前年の一九三五年に日本の外交協会に招待されて来日している。その折、会議の席上で以下の挨拶を行なっている。

現在の日支両国関係は円満とは云へぬ、如何にも隔りがあるやうであります。然しこの状態こそ両国国民がお互いに研究し洞察せねばならぬことかと思ふのであります。従つて私は御来臨の方々が私の国に来て、よく御観察になつて、多数のお友達をつくり、お互いにお話を進めて行くといふことは、現状改善のために最も必要なことじゃないかと私は考へるのであります。[42]

非常にシンプルな言葉で、日中関係の現状を憂える心情を語りつつ、その関係改善に真摯に取り組もうとする姿勢が窺える。かつて満州事変を日本による中国植民地化の第一歩と厳しく批判した王であったが、満州事変から盧溝橋事件《ルーコウチアオ》に至る間にも、日中和平への希望を捨てていなかった中国外交官が存在したことを記憶しておきたい。

日中全面戦争開始となる盧溝橋事件が起きるのは、王の日中和平を希求する旨の挨拶から、およそ一年半後のことであった。

このように日中間では両国政府及び民間レベルでの議論の応酬があった一方で、交渉による和解の途《みち》が閉ざされ、結果的には中国排撃から中国制圧へと移行していく。この歴史過程を検証することが、日本近現代史研究の重要課題であった。満州事変を引き起こし、軍事占領を強行していき、日本の傀儡国家「満州国」（満州帝国）を創りあげたのは、一体誰であったのか、それは何のためだったのか、など多くの論点が俎上に据えられてきた。

張学良の不抵抗主義と蔣介石の国連対応

話を満州事変の頃に戻すと、九月一八日以降、次々と満州の各地を制圧する関東軍に対し、張学良は不抵抗の原則を貫こうとする。

事実、満州事変当日、関東軍は張学良の東北軍第七旅の駐屯地である北大営を攻撃したが、東北軍参謀長栄臻は、張学良の命令に従って兵士達に不抵抗を徹底させようとした。ただし、それは完全に守られた訳ではなかったのだが。

張学良

この張学良の不抵抗主義については、満州事変が起きた翌日の九月一九日の早朝六時頃、北京で緊急会議を開催し、不抵抗主義を貫徹する旨をあらためて確認していた。不抵抗主義を原則としつつ、事件の解決には国際機関の裁定に委ねることを確認していたのである。関東軍の軍事行動は、国際連盟規約にも違反する国際問題として捉え、それゆえ国際連盟を仲介する解決に期待したのは、至極当然の判断でもあった。

同時に、張学良が率いる東北軍の戦力にも課題があり、兵力数こそ関東軍にまさっていたものの、現時点で関東軍を正面に据えた戦列を整えるには時間も必要であった。

そもそも張作霖軍が保有する航空戦力は、一九一一年の中華民国成立以後、潤沢な資金を背景に地方勢力のなかで群を抜いて強化されていた。ところが、九月一八日の事変勃発の翌日に関東軍は、約一〇〇名の部隊で奉天飛行場を占領し、錦州爆撃に使用された航空機を鹵獲《ろかく》する。張学良の航空隊パイロットたちの多くは、北平（北京）に逃避してしまう。

航空隊パイロットたちの逃避が、関東軍部隊の急迫に対応し切れなかったためなのか、あるいは自主的に徹底してパイロットの温存を図る策であったかは定かでない。はっきりしていることは、張学良軍が最初から抵抗を回避し、錦州を新たな根拠地として、蔣介石の国民党軍と連携を深め、中長期的な抗日戦争を想定していたことである。最終的には、国民党軍と東北軍との連携を強化し、その統合戦力を構築して抗日戦に備えるのが合理的だとする判断もあったのであろう。

そうしたなかで、柳条湖事件の第一報が、江西省南昌《ナンチャン》で共産党討伐の作戦中であった蔣介石に知らされる。蔣介石は作戦を直ちに中止し、南京に帰還する。国民政府外交部長王正廷（一九三一年一〇月からは施肇基《シージャオジー》に交代）は、九月一九日、駐中国日本公使重光葵《しげみつまもる》に対し、日本軍の行為が不戦条約（一九二八年）違反であると厳重抗議する。[43] さらに、同月二一日、ジュネーブ駐在の施肇基代表は、日本軍の行為が国際連盟規約の第一一条（戦争の脅威）に照合しても、侵略行為そのものと批判。緊急理事会の開催を要求する。

国際連盟規約の第一一条の一項には、「戦争又は戦争の脅威、連盟国の何《いず》れかに直接影響あると否とを問はず、総て連盟全体の利害関係事項たることを茲《ここ》に声明す。仍《よっ》て連盟は、国際の平和を擁護するため、適当且友好と認むる措置を執るべきものとす。此の種の事変発生したるときは、事務総長は何れかの連盟国の請求に基《もとづ》き、直に連盟理事会の会議を招集すべし」[44] とある。

中国政府は不戦条約と国際連盟規約のいずれにも抵触すると主張。交渉による問題解決を事実上拒否した日本政府に、反省と平和的交渉を求めていたのである。施代表の要求は至極真っ当な要求であった。

この時日本は、国際連盟加盟国で、五大常任理事国の一国の席を占めていた。外務省は国際連盟の場での解決を図るべきであったが、中国との二国間交渉で解決の方途を探る選択に固執する。陸軍中央も外務省のスタンスを支持すると同時に、自らの行為の正当性を訴え、国際社会からの批判を回避しようとしたのである。

陸軍中央を翻弄する関東軍

満州事変が起きてから錦州爆撃に至るまでの、日本政府や陸軍中央を含めた高官たちの動きを整理しておこう。

満州事変発生後、若槻礼次郎内閣の腰は定まらなかった。そのことへの批判は昭和天皇の側近であり、後に内大臣に就く木戸幸一《きどこういち》は日記に、西園寺公望《さいおんじきんもち》の秘書であった原田熊雄《はらだくまお》からの情報を踏まえ、「若槻総理の甚だ頼りなき心事を聞き、遺憾千万なり」[45]と書き残す。

木戸が日記で若槻を批判していることを知り、若槻は戦後刊行した回顧録で、関東軍の独走を阻止するために、「よほど務めたつもりであった」[46]と自己弁護を行なっている。若槻の主観がどうであれ、関東軍に引きずられ、陸軍中央も若槻内閣に非協力的であったことは紛れもない事実であった。

ところで、欧米との対立の激化を恐れる日本政府と外務省及び陸軍中央の姿勢に、関東軍は冷淡な姿勢を示していた。満州事変発生後、若槻礼次郎内閣の幣原喜重郎外相の姿勢も明らかに一貫性を欠いていたといえる。

満州事変勃発後、日本政府は九月二八日に声明を発表する。それは日本の軍事行動が満州の軍事占領を目的とするものではなく、満州在住の日本人の生命・財産など特殊利益保護が目的であること、事態の終息に向けて努力は惜しまないが、国際連盟や第三者の介入は許容しない、とする強硬な内容であった。国際連盟主導による事態の解決や、アメリカの介入を拒否する姿勢を早々と打ち出したのである。

九月三〇日、国際連盟は日本人の生命・財産の安全が保障されれば、鉄道付属地へ帰隊する、との日本政府の声明を踏まえ、中国側が在満州日本人の安全を保障するとの前提で和平交渉を継続する旨の決議を行なった。そのうえで休会に入ることとした。必要があれば、これより二週間後の一〇月一四日に理事会の再招集を行うとしていたのである。

その矢先、最終的な結論を得ない間の一〇月八日に錦州爆撃が強行されてしまう。まさに抜き打ち的な関東軍の行動である。国際連盟としては、日中両国の歩み寄りの姿勢を強く期待していただけに、関東軍の行動に強い衝撃と深い落胆の思いをもって受け止めざるを得なかった。国際連盟理事会開催を目前にした関東軍の行動は、国際連盟の仲介案を否定し、さらには中国側を明らかに挑発するものであったのである。

関東軍が急ぎ錦州爆撃に及んだのは、次のような経緯があったからだ。一〇月一日、幣原喜重郎外相は蔣作賓《ジアンズオビン》中国公使に対して、以下の内容を通告していた。それは、日本の占領地で軍政を施行すること、中国政府が満州に独立政府を構想する中国人の運動に支持を与えないこと、占領地で計

蔣作賓

画されている地方的な「治安維持会」には好意的な姿勢を採ること、などであった。

「治安維持会」とは、日本軍の傀儡組織として関東軍が背後から操作する組織である。当然ながら中国側は、「治安維持会」が日本の主導によって運営される不法な組織と見なしていた。

通告は、中国側に満州に於ける日本の軍事行動及び日本の軍政統治を容認するよう迫ったものであった。事実上、先に「Mr.Wang」が第三回アジア太平洋会議で論じたように、満州の植民地化を求めたに等しいものであった。これに追い打ちをかけるように、一〇月四日、関東軍声明が発せられる。それは、「今や政権樹立の運動各所発生し庶民斉《ひと》しく皇軍の威容を謳歌するも、旧頭首（張学良のこと）を推戴せんとする風微塵もなし」[47]とする内容である。

満州事変初期、関東軍の軍事行動は予想以上の速度で各地域の軍事占領を進めていく。その軍事占領下で民衆が関東軍に従っている、と都合良く判断する。関東軍声明は、軍事占領の成果への慢心も手伝ってか、「皇軍の威容を謳歌する」被占領地民の心情を勝手に描いて見せたものであった。

そこでは、実態との乖離《かいり》は完全に無視されている。関東軍の軍事権力が満州地域を席巻している、との認識を関東軍首脳部は抱いていたことになる。被占領地の住民は、関東軍を恐怖し、服従を強いられた人たちがほとんどであったことも間違いなかった。

この日本側の一方的な通告に対して蔣公使は、一〇月五日、日本軍撤退後の引継ぎの為に張作相、王樹常《ワンシューチャン》の両将軍が任命されたことを通告した。中国側は責任者を明確にすることで、満州に生活する日本人の安全を保障すると約束し、事態悪化を防ぐために尽力していると主張した。言うならば、日本の武力発動行為に対して、安全と平和の行動で応えようとしたのである。

それにもかかわらず関東軍が瀋陽、吉林、敦化《トゥンホワ》、巨流河《ヂィーリィオウフゥー》、新民《シンミン》、田荘台《ティエンジュアンタイ》を占領したことに中国側は鋭く反発した。その上で、中国側の反発を無視するかのように、ついに八日には錦州爆撃を強行する。平和実現のシグナルが、完全に否定されたのである。中国は、一二日になって日本の違約を激しく批判した。

錦州爆撃の事態を受けて、一〇月一三日、一四日開催の予定より一日早めて理事会が再開される。そこで錦州爆撃問題が取り上げられることになった。国際連盟の仲介を拒絶し、中国の平和実現の期待を反故にするかのように、錦州爆撃が強行されたことは、中国側だけでなく、欧米諸国にも深刻な衝撃を与えることになる。

以上にみてきたように、日中対立を決定的とし、欧米諸国との軋轢を深め、日本孤立への道の第一歩となったのが錦州への無差別爆撃であった。関東軍にとっては、陸軍中央と日本政府の対中国政策を方向づけるという一点においては、期待通りだったかもしれない。同時に重要なことは、欧米社会を中心に広まっていく日本批判の火に油を注ぐことになったことである。

いくら首謀者だとしても、一軍人の石原に、錦州爆撃が招いた国際社会からの日本批判の責任をすべて負わせることはできない。たとえそうだとしても、そのあまりの独善性は批判されてしかるべきであろう。また、それ以上に石原に代表される関東軍の独走を許し続けた政治の責任は、問われ続けなければならい。

問題は、その政治の担い手たちが、温度差こそあれ、石原と同質の対満蒙政策の採用を強行に主張していたことである。第三回太平洋会議での徐淑希や「Mr.Wang」と松岡洋右の発言を先に紹介した通り、日本側は、満州の植民地化を拒否する中国側の見解を正面から受け止めようとはしなかった。日本側は、自らの目的を軍事という暴力によって押し通そうとしたのである。

松岡に象徴される覇権主義や植民地主義は、日本政府及び日本人が共有していた認識であったといえる。その非合理なる主義・主張を、言論ではなく錦州爆撃という暴力によって実現しようとしたことは、負の遺産として日本の歴史に深く刻まれることになる。

国際連盟における対応については、第四章で改めてくわしく触れる。

注

(1) 原敬首相と田中義一との関係については、纐纈厚『田中義一――総力戦国家の先導者』(芙蓉書房出版、二〇〇九年)の「第八章　政党政治のなかで」で論述している。

（2）原圭一郎監修『原敬日記』第五巻（福村出版、一九六五年）の一九二〇（大正九）年一一月一一日の項（三一〇頁）。
（3）国立国会図書館憲政資料室蔵『田中義一関係文書』第三七冊「田中義一宛張作霖書簡」、八九～九〇頁。原文は中国語繁体字。
（4）同右、八四～八五頁、日付は、「大正十四年五月三十日」とある。
（5）一九一八年貴族院議員（公正会所属）、男爵。後に大正日日新聞社長、清浦圭吾内閣の逓信大臣など歴任。
（6）大正・昭和期の実業家、貴族院議員、男爵。
（7）前掲『田中義一文書』第六冊「137 清浦子一向旅行中支要人との対談適用録 1．張作霖の談 大正十五年九月二十五日午後三時 出席者 清浦子、藤村男、池田男、土肥原中佐」、二～三頁（資料整理番号：一八六～一八七頁）。
（8）儀我壮一郎「張作霖爆殺事件の真相」（『専修大学社会科学年報』第四二号、二〇〇八年三月、四〇頁）。同論文で儀我は、この田中・蔣会談の結果が、張作霖爆殺事件に直結したと指摘している。
（9）田中・蔣会談については、落合莞爾「田中義一・蔣介石「青山会談」筆記録で読み解く張作霖暗殺の舞台裏」（『新潮45』第二六巻第八号、新潮社、二〇〇七年八月）を参照されたい。
（10）前掲「張作霖爆殺事件の真相」、三二頁。
（11）『太平洋戦争への道』別巻資料編、朝日新聞社、一九六三年、八六頁。
（12）石原は、一九四一年五月一二日から一週間、立命館大学で講演を行い、その講演録は、『世界最終戦論』（立命館出版部、一九四〇年）と題して出版され、現在に至るまで読者を獲得することになった。
（13）前掲『田中義一関係文書』第二八冊、「張作霖爆殺事件について」、四一一～四一二頁。
（14）田中義一は関東軍の一連の動向を奉天総領事の林久次郎などから詳細な報告を逐次受けており、爆殺の主犯が誰かは早々に知っていたと思われる。例えば、「張作霖爆死の件」と題する手書きの詳細な報告書が『松本記録』の史料名で外務省外交史料館に収められている（アジア歴史史料センター〔以後、JACAR〕：B02031915000、画像頁〇二六一～〇三〇四）。

(15) 張作霖爆殺をめぐる田中首相の上奏が原因で内閣総辞職を余儀なくされた一連の政治過程については、前掲『田中義一』の「終章　天皇の怒りを買う」を参照されたい。

(16) 易顕石・張徳良・陳崇橋・李鴻鈞著、早川正訳『九・一八事変史―中国側から見た「満州事変」』新時代社、一九八六年、二二六頁。

(17) 角田順編『石原莞爾資料』国防論策篇（『明治百年史叢書』）原書房、一九六七年、七五頁。

(18) 横山臣平『秘録 石原莞爾』一九七一年、芙蓉書房、一九四～一九五頁。

(19) 同右、一九六頁。これとほぼ同様の内容を示す石原の評論・伝記の類は少なくない。例えば、小松茂朗『陸軍の異端児 石原莞爾―東条英機と反目した奇才の生涯』（光人社、一九九一年）の「錦州爆撃の波紋」（一一八～一二二頁）等。横山の著作等が種本となっているようであり、石原の言動はこれに近いものと推測される。

(20) 宮武剛『将軍の遺言―遠藤三郎日記』毎日新聞社、一九八六年、五四頁。

(21) 前掲『石原莞爾資料』国防論策篇、七四頁。

(22) 同右、七五頁。

(23) 石原莞爾「満蒙問題私見」（山田朗編『資料 近代日本の膨張と侵略』所収、新日本出版社、一九九七年、二二七頁）。

(24) 古屋哲夫『日中戦争史研究』吉川弘文館、一九八四年、一一二頁。

(25) 参謀本部編『満州を繞る国際戦』〔復刻版〕鵬和出版、一九八六年、奥付文。

(26) 同会議についての詳細は、新渡戸稲造編『太平洋問題―一九二九年京都会議（一九三〇年）』太平洋問題調査会、一九三〇年）、片桐庸夫『太平洋問題調査会の研究―戦間期日本ＩＰＲの活動を中心として』（慶應義塾大学出版会、二〇〇三年）など参照。また、太平洋問題調査会についての研究として、田光佳絵「高木八尺と戦前期の日米関係―「太平洋問題調査会（ＩＰＲ）」を中心に」（東京大学『アメリカ太平洋研究』第二二号、二〇二二年）と同「戦間期アジア・太平洋秩序と国際的民間団体」（川島真編『近代中国をめぐる国際政治』所収、中央公論新社、二〇一四年）を挙げておきたい。

（27）同会議の内容については、外務省外交史料館蔵「第三回太平洋会議支那問題円卓会議議事録　其ノ二（満州問題）」（JACAR：B10070179900）を参照。

（28）徐淑希は、日本軍の南京攻略戦時に設置された南京安全区国際委員会の記録集"Documents of the Nanking Safety Zone"（南京安全区擋案）を一九三九年に編集した人物としても知られている。

（29）前掲『満州を繞る国際戦』二〇四頁。

（30）同右、二〇八頁。

（31）陸軍省新聞班編刊『満洲不安の実相』一九三一年、一頁。

（32）同右、二頁。

（33）大谷光瑞『支那事変ト我国民之覚悟』大乗社東京支部、一九三二年、一頁。

（34）特に京都会議についての詳細は、前掲片桐庸夫「太平洋問題調査会（ＩＰＲ）と満州問題」を参照。ただし、同論文では、徐淑希と松岡洋右の論戦内容を詳細に取りあげているが、他の中国側の出席者名簿は明記されていない。同論文は前掲片桐の『太平洋問題調査会』に再録されている。同調査会をテーマとする論文には、堀内暢行「一九二九年第三回太平洋会議に関する一考察」（東アジア近代史学会編『東アジア近代史』第一一号、二〇〇八年）などがある。なお、同調査会は戦後の第一三回（一九五七年開催）まで存続した。

（35）徐の拼音《ピンイン》はXú Shūxīだが、ラテン文字はHsü Shu-hisであり、これを英語書きするとShu-His Hsuなので徐に間違いないであろう。

（36）前掲「第三回太平洋会議支那問題円卓会議議事録　其ノ二（満州問題）」（JACAR：B10070179900、画像頁〇三九六）。原文は以下の通りである。“I may summarise it in the following points. First, did Japan help in the development of Manchuria, and second, is not the price that China has had to pay a little too high.”

（37）例えば、三輪公忠『松岡洋右―その人間と外交』（『中公新書』）中央公論社、一九七四年、「京都会議」の項、三〇一頁以下。

（38）王正廷は、当時「日中親善論」を説いた著名な外交官である。高文勝は、「王正廷の対日構想」のなかで、「日本に対して、日本の針路を誤らないために、また世界に貢献するために、それまでの侵略政策を放棄し、中国と協力して「王道」を選択すべきである、と誠意を込めて呼びかけたのである」（日本福祉大学福祉社会開発研究所『現代と文化―日本福祉大学研究紀要』第一一九号、二〇〇九年三月、一一一頁）と指摘している。

（39）王正廷については、服部龍二編『王正廷回顧録―Looking Back and Looking Forward』（中央大学出版部、二〇〇八年）があるが、このなかでは京都会議については全く触れられていない。ちなみに、王は一九二八年一二月から一九三一年一〇月まで南京国民政府の外交部長であり、日本政府及び政界関係者からも、最も手強い相手と見なされていた。例えば、「王正廷氏が巴里会議、華盛頓会議以来、親英米而して反日の張本人たることは世界周知の事実である」（中野正剛「田中外交の責任解除」『我観』第六四号、我観社、一九二九年三月、三二頁）、「国民政府の外交部長として王正廷氏の政策方針は、専ら打倒帝国主義、不平等条約解消、利権回収等々、全く国民党宣伝部の笛太鼓に踊る大衆的輿論の先棒であったに過ぎぬ」（東亞調査会「王正廷の豪語」『南北支那及満州視察報告』所収、一九三〇年、一六頁）など、厳しい王批判が存在する。

（40）前掲「第三回太平洋会議支那問題円卓会議議事録　其ノ二（満州問題）」（JACAR：B10070179900、画像頁〇四〇〇）。原文は以下の通りである。“China would welcome immigration to any people into Manchuria but not colonization. Japan's economic and population needs could, he claimed, be adequately met by immigration and that colonization, with its political implications, could be abandoned."

(41) 『新天地』第一〇年第七号、新天地社、一九三〇年七月、一一頁。

(42) 『外交時報』第七六巻第六号、一九三五年一二月一五日、一二八頁。

(43) ちなみに、三条からなる不戦条約のうち、問題にされたのは、以下の二条であった。「第一条　締約国は国際紛争解決の為戦争に訴ふることを非とし且其の相互関係に於て国家の政策の手段としての戦争を放棄することを其の各自の人民の名に於て厳粛に宣言す　第二条　締約国は相互間に起ることあるべき一切の紛争又は紛議は其の性質又は起因するの如何を問はず平和的手段に依るの外之が処理又は解決を求めざることを約す」。

(44) 外務省編『日本外交年表並主要文書』上巻（『明治百年史叢書』）原書房、二〇〇七年、四九三～五〇〇頁。

(45) 『木戸幸一日記』下巻、東京大学出版会、一九六六年、一〇九頁（昭和六年十月二三日の項）。

(46) 若槻礼次郎『古風庵回顧録』読売新聞社、一九五〇年、三七九頁。

(47) 片倉衷「満州事変機密政略日誌」（『現代史資料(7)　満州事変』所収、みすず書房、一九六四年、二〇五頁）。

第二章　錦州無差別爆撃

——空爆に踏み切る——

第二章　錦州無差別爆撃―空爆に踏み切る―

本章では錦州《チンチョウ》爆撃に出撃した関東軍飛行部隊の足跡を追いつつ、爆撃までの経緯と実態を整理していく。部隊が定めた目標はどこにあったのか。その爆撃の結果を日中双方の記録から辿りながら、錦州爆撃の爪痕を探ってみたい。

同時に錦州爆撃が日中双方の政治軍事指導者にいかなるインパクトを与えたのか、またメディアは錦州爆撃をどのように国内外に伝え、世論はどのように反応したのか。日中双方の新聞や出版物から引用してみる。そこでは、一つの軍事作戦である以上に、非常に政治的な事件として、日本が国際社会で孤立の道を歩み始めた起点でもあったことを強調する。

本章の時間軸は、世界史における軍用機の登場と空爆史を概観している関係で、一八世紀の世界を少し覗いている。日本に限れば、二〇世紀初頭から第一次世界大戦期における日本の空爆の先行例を紹介する。それ以外には、錦州爆撃が強行された一九三一（昭和六）年一〇月八日前後を中心とし、その翌年の一九三二年二月頃までとする。

1　空爆への道——躊躇する者たち——

会式一号機の後継機の会式三号機
（東京文化財研究所、喜多川コレクション）

空爆史を追う

本論に入る前に、日本における軍用機の導入・制作の歴史や世界の空爆史を少し紐解いておきたい。取りあえず陸軍に限ってのことだが、日本の国産機で一番古い軍用機として位置づけられているのは、通称で会式一号機（正式名称は臨時軍用気球研究会式一号機）とされる。同機を開発し、公式の初飛行を達成したのが徳川好敏《とくがわよしとし》だったことから、通称で「徳川式」とも呼ばれている。

会式の会は、臨時軍用気球研究会の会のこと。翼幅一一メートル、自重四五〇キログラム、最高時速七二キロメートル、航続飛行時間三時間の性能であった。なお、エンジンはフランスのグノーム空冷回転転星型七気筒（五〇馬力）を搭載した。会式一号機の初飛行は、一九一一（明治四四）年一〇月一三日、埼玉県下の所沢陸軍飛行場（当時埼玉県入間郡所沢町）で行われたと記録されている(1)。

ただし、会式一号機は練習機として扱われたため、軍用機としては、会式七号小型機が最初となっている。同機は、臨時軍用気球研究会の沢《さわ》田《た》秀《すぐる》中尉が設計し、一九一六（大正五）年六月一三日に初飛行した。設計者の名から沢田式とも呼ばれる。同機の全長九メートル、自重七三四キログラム、最高時速一一〇キロメートル、エンジンはアメリカのカーチスOX-5水冷V型9気筒（一〇〇馬力）を搭載した。

同機は同じくアメリカのカーチスモデルDという複葉機を参考に作成されたものだが、日本の軍用機製造の走りとなった機体である。一九二七（昭和二）年には、錦州爆撃にも投入された八八式偵察機が登場する。その後に日本独自の設計製作により登場したのが、単葉機の九一式戦闘機（通称は九一式戦）である。

以後、赤とんぼの名称で知られる九五式を経て、一九三〇年代半ば以降からアジア太平洋戦争期においては、日本海軍の主力機零式艦上戦闘機（通称ゼロ戦）と並び、陸軍における一九四〇年代初頭の主力機九七式戦闘機が登場する。さらに、空爆が多用されるに至り、日本海軍の九六式陸攻と同様に重慶《チョンチン》爆撃に投入された九七式重爆撃機、陸軍の軍用機として最多の生産数を記録した一式戦闘機（通称、隼）等が戦場に投入されていった。

全てが空爆に関与した軍用機であったわけではないが、とりわけ中国との戦争においては陸・海軍違わず、爆撃機の開発生産の比重が高くなっていった。戦闘機は、主に空爆を確実に実行するための制空権確保と爆撃機の護衛が主任務とされていく。

空爆は、どのような戦争形態として始まったのだろうか。それに加えて軍用機とカテゴリーされる飛行機の導入過程を概観しておこう。

田中利幸『空の戦争史』には、空爆の深淵とも見なすべき史実が簡潔に紹介されている。田中によれば、一七八三年一一月一一日、パリ郊外で人間を乗せた気球が飛び、空中をも軍事領域として設定しようとする構想が打ち出されたという。一七九四年に、フランス革命を経て成立した革命政府が気球部隊を編成し、陸軍部隊に所属させて敵軍を空から監視したとする。

空爆が実際に戦争の手法として採用されたのは、一八四九年のオーストリア・イタリア戦争であった。オーストリア軍は風船爆弾をイタリアのベニス攻撃に使用した。それが、人類発の空爆であったとする。(2) この攻撃でイタリアはオーストリアに敗れるが、数多のベニス市民に降りかかった爆弾は、混乱を引き起こしたのであろう。

二〇世紀に入ると、飛行機発達の起点ともいうべく、一九〇三年一二月一七日、ライト兄弟が制作したフライヤー号が短距離ながら飛行に成功するや、飛行機の軍事利用への動きが盛んになってくる。

その後の世界では、空爆が戦争の帰趨さえ左右しかねない戦術として浮上してくる。それが、一九一一年九月九日、イタリアがオスマン帝国領であった北アフリカのトリポリタニア・キレナイカの領有を求めて同国に宣戦布告して起きたイタリア・トルコ戦争（伊土戦争）であった。同年一〇月にトリポリに上陸したイタリア陸軍が、初めて航空機を戦場に登場させたのである。さらに同年一一月一日、イタリアの航空機がトルコ軍に機上から手榴弾を投下した。いわゆる「空爆の歴史の始まり」とされる(3)。

錦州爆撃に至るまでの日本軍による空爆の歴史について、これも簡単にふれておきたい。まず、日露戦争で日本は気球を戦場に派遣し、空中軍事偵察を行なったとする記録がある。そこでの成果を踏まえて、一九〇九年に軍用気球研究委員会を設立し、軍用気球のさらなる活用方法を検討した(4)。その後、先述した通り、一九一〇年に陸軍大尉であった徳川好敏ら将校が、フランスから購入した航空機で日本初の飛行に成功する。一方、海軍も一九一二年に海軍飛行研究会を設立し、長崎県の島原半島に位置する小浜《おばま》町に水上飛行機飛行場を建設する。

日本において軍用機が初めて戦場に登場したのは、第一次世界大戦初頭の一九一四年九月五日であった。戦場は中国山東半島の青島《チンタオ》である。当時、青島にドイツの租借地があり、ドイツ軍が堅固な基地を設営していた。投入された軍用機は、陸軍のモーリス・ファルマン式複葉機の四機と、ニューポールNG二型単葉機の一機、それに気球一機で編成された臨時航空隊であった。

同隊は青島に派兵された第一八師団の指揮下に置かれ、九月二一日から偵察活動に従事した。同月二七日には、青島港内に停泊中のドイツ軍艦船に爆弾三発を投下したのを皮切りに、軍事施設、青島停車場、ドイツの青島総督府、青島市街などに合計で一五回、四四発の爆弾を投下した(5)。

上：モーリス・ファルマン機
下：ニューポール33機
（東京文化財研究所、喜多川コレクション）

海軍も水上母艦に改装された若宮丸に搭載されたモーリス・ファルマン式複葉水上機四機（後で二機追加）が陸軍機に先立つ九月五日、青島のドイツ軍兵営や電信所に手榴弾を投げ放つのと同じ手法で爆弾を投下した。海軍機による空爆は、一一月七日のドイツ軍降伏の日を迎えるまで継続され、それまでに合計で四九回に及ぶ爆撃を敢行し、およそ一九〇発の爆弾を投下したとされる。(6)

その時の様子を、「陸軍航空兵少佐」であった西原勝《にしはらまさる》が、以下のように記している。

大正三年八月、欧州の天地に戦雲が巻き起り、日本も連合軍側に味方して、我が軍は独逸軍の守備する青島要塞を攻撃することとなった。我が陸軍気球隊及び飛行隊も九月二十一日から攻略戦に協力したが、この時の飛行隊はモーリス・ファルマン式三機とニューポール式一機で編成されていたのである。その頃の偵察高度は一千五百米《メートル》が限度であったが、この高度に昇るまでには一時間余もかかるのだった。しかも飛行機には何の火器装備もなかったので、搭乗者は近くに敵機を認めると、護身用の拳銃を撃ったり、時には地上部隊の使用している機関銃を飛行機に積み込んで、木製の支点を設けて射撃を試みたという。爆撃に使用した爆弾は、砲弾のようなものであったので、爆弾の頭が下を向くやうにする為、小さい気球をつけて投下したのであるが、成績不良だった。(7)

第一次世界大戦期から本格的な空爆が開始されたとはいえ、機体の性能や空爆技術の稚拙さは否定できない。だが、青島における空爆を経験することで、少なくとも日本の航空隊は自らの新たな役割を見出した。その経験が、およそ一〇年後の錦州爆撃に受け継がれ、更には日中戦争、そしてアジア太平洋戦争へとつながっていくのである。そうした意味から、錦州爆撃は対米戦争の前哨戦ともいえる。別の角度からすれば、日本政府に日米戦争の覚悟を問うものであった。

錦州爆撃の断行

事変後の戦局を優位に進めるために石原莞爾《いしはらかんじ》中佐は満鉄沿線から遠く離れ、関東軍部隊の投入を展開する関係上、急速な地上兵力の展開が困難と思われた錦州攻撃の手段として航空戦の使用を決断する。

錦州爆撃の事実上の主導者であった石原は、航空戦力による空爆をどのように捉えていたのだろうか。石原が残したメモには、以下の注目すべき諸点が記されている。

一、最も重要なる攻撃兵器殊《こと》に飛行機の研究に全力を傾注すること。徒《いたずら》に飛行機数を云々するよりも、寧《むし》ろ目下は根本的設備に力を用ふべく、又目下の状況上徒らに民間営利事業を奨励するよりも、官業能力の主力を先《ま》づ之に用ふるを有利とすべし

二、次に防御能力増進の為めには、団体的訓練の必要、敵機襲来に当り爆撃瓦斯《ガス》攻撃等に対し甚《はなは》だ必要なるに関せず、我国民の欠点なるを以《もっ》て殊に力を用ふるを要す(8)

額面通りに受け止めれば、石原は攻撃兵器としての航空戦力に着目し、確実に開発と生産を実行するためには、民営企業に依存するのではなく、官営企業が中心となるべきとの立場を採った。同時に航空機の長大な航続距離を勘案した場合、空爆を受ける可能性まで示唆し、そこに「爆撃瓦斯」の攻撃への対応をも考慮すべきとの洞察を示した。

石原が、航空機による攻撃手段として、早くも毒ガス弾を認識していたことは注目される。陸軍では当該期、ガス弾の開発と実戦投入に深い関心を持っていたのである。(9)

石原は何を契機として航空戦力に着目したのか。戦史研究に勤しんでいたことからヒントを得たとも思われる。すでに展開されていた中国東北各地の軍事占領は、地上戦で決着をつけることができたとしても、将来戦における戦場地域の広がりを念頭に置いたならば、遠距離攻撃が可能な航空戦力の導入が必要だと認識していたのである。

その導入論に固執したがゆえに、石原は錦州爆撃に同行し、空中から都市無差別爆撃の効果を自らの目で確認しようとしたのではないか。伝記類においては大胆さと緻密さを備えていたとされる石原は、航空戦力の役割に強い期待感を感じ取っていたのであろう。

出撃した日本陸軍機

再びハード面に目を向け、錦州爆撃に出撃した陸軍機を見てみよう。

錦州爆撃に出撃した陸軍機は二種類が挙げられる。八八式偵察機とポテー機である。

錦州爆撃の主力機となった八八式偵察機の登場まで日本の航空機産業には、紆余曲折が見受けられた。第一次世界大戦で潜水艦と戦車と並び、航空機が本格的に戦場に登場する。航空機による空爆は、軍事面だけでなく、それ以上に精神面で戦争下の人々に恐怖感情を植え付け、厭戦気運を醸成した。そのこともあって、大戦後には軍用機への関心が各国で深まっていく。

八八式偵察機

（東京文化財研究所、喜多川コレクション）

日本で開発生産された主な機種を取り上げても、一九二三年からKO-型複葉機複座コーチ機の生産体制が整備され、生産機数は五七機に達した。三菱航空機の製造である。

その後も三菱、川崎、中島の各航空機メーカーがドイツやイギリスからエンジン技術を導入し、高性能航空機の開発と生産に大きな成果を挙げていく。その結果、一九三〇年代以降には、海軍が九〇式戦闘機、九〇式偵察機、八九式・九二式爆撃機を装備するに至る。一方の陸軍も、八七式爆撃機、八八式偵察機の装備を進めていた。

八八式偵察機は、川崎航空機が、八七式軽爆撃の後継機として開発を進めたもので、社内呼称はKDAであった。KDAとは、〝Kawasaki Dockyard, Army〟（川崎造船所飛行機工場）の略である。八八式偵察機は、一九二八年二月に正式採用され、主翼や胴体が従来の木製骨格に羽布張と異なり、金属製の複葉単発機であった。エンジンは川崎がライセンス生産したドイツのBMW社製水冷エンジンを搭載した。

同機は、一九二八年から一九三四年まで七年間に、合計で七一〇機生産された。以後川崎は、八八式偵察機二型を爆撃専用の機体に改造し、八八式軽爆撃機（KDA-2改）とし、これも満州事変の年の一九三一年五月、日本陸軍に正式に採用された。錦州爆撃に出撃した後、第一次上海《シャンハイ》事変から日中戦争の初期に至るまでは、同機は前線で使用された。川崎航空機に加え、石川島飛行機も製造者となり、最終的には四〇七機が生産された。

諸元は、全長一二・二八メートル、全幅一五・二二メートル、全高三・三八メートル、自重一四九〇キログラム、全備重量二五五八キログラム、最高時速二一四キロメートル、航続時間六時間、武装七・七ミリ機関銃×二、爆弾二〇〇キログラム、乗員二名となっていた。

もう一つの主力戦闘機であったポテー機は、一九二〇年代に設計・製造されたフランス製の単発複葉機で正確な名称はポテーズ25（Potez XXV）。同機はフランスのアンリ・ポテーズが製造者であり、戦闘・護衛・偵察・戦術爆撃など多目的に使用可能な戦闘爆撃機であった。本機の特徴は強力なエンジンと、複葉機ではあったが下翼が上翼より小さい「一葉半」の形態を備えていたことである。

満州事変の折、関東軍が奉天《フォンティエン》飛行場に駐機していた十数機のポテー機を鹵獲し、「保貞号」と命名して偵察爆撃機として使用することになる。日本でも中島飛行機が同機の国産化を試みたが失敗している。

諸元は全長九・二メートル、全幅一四・一四メートル、全高三・五九メートル、自重一七六〇キログラム、全備重量二八〇〇キログラム、最高時速二一四キロメートル、航続距離六〇〇キロメー

ポテー機

トルであった。[10] なお、エンジンは、ロレーヌ・ディートリッヒ12Eb水冷W12気筒で、当時としては四七八馬力の強力エンジンであった。同機に搭載されたエンジンは、日本海軍がロレーヌ・ディートリッヒからライセンスを取得し、「ローレン四五〇馬力発動機」の名で愛知航空機や広海軍工廠（広島県賀茂郡広村、現在は呉市）でも生産された。

ところで錦州爆撃の前年の一九三〇年一月の時点で、日本陸軍航空兵は、八個飛行連隊（合計二六個中隊）を保有していた。その翌年の一九三一年から三二年における陸軍航空兵の予算は、六五〇〇万円、五年間で二億円の予算を投入し、陸軍航空兵の充実を図っていた。因みに、一九三一年度の直接軍事費が四億六一二九万円の時代に、五年間で二億円（年間四〇〇〇万円）は、極めて多額であった。[11]

航空機の生産は、一九三〇年代に入って急ピッチで増加する。事実、「爆撃機の飛行速度は、昭和五年頃より著しく増加」[12] したとする報告がある。その背景には、陸軍航空本部が積極的に三菱・川崎・中島など民間企業に航空機の開発製造の委託を進めたことがあった。こうした航空機製造の勢いが増すなかで、海軍が九〇式戦闘機、九〇・九一偵察機、八九式・九二式爆撃機を開発製造する。その一方で、陸軍も八七式爆撃機と、錦州爆撃にも投入された八八式偵察機など製造していく。

なお、一九三一年九月一〇日に日本政府が国際連盟に提出した「現状報告書」には、日本飛行隊の常備機数を五八四機、予備補充機数を二五四機、装備中の航空機を二五四機の合計八三八機としていた。この他に装備中の航空機として約三〇〇機を保有するに至っていた。海軍機は八〇一機とされ、陸軍と海軍とを合わせて一六三九機を保有していたとされる[13]。

少々航空機のハード面にこだわり過ぎたが、この辺で本題に戻ろう。

要衝の地・錦州

錦州爆撃の実行過程を追う前に、なぜ関東軍が錦州の地に着目したかにふれておきたい。張学良《チャンチェリン》が錦州に新政権の拠点を移したことが直接の理由だとしても、それ以前から錦州が枢要な地であるとする認識が関東軍や陸軍中央に存在した。関東軍は、満州事変直後から九月末までに、約三〇余りの都市や地域を占領する。そして、九月末頃から関東軍は、満州東北南部に位置する錦州攻略の機会を窺うことになる。

張学良等の東北軍政当局は、錦州の価値を重視し、奉天（現在の瀋陽《シェンヤン》）陥落後の九月二三日、錦州に東北国境防衛軍司令長官行政公署と遼寧《リアオニン》省政府行政公署を設立する。錦州は、一気に東北地区の軍事と政治の中心地となった。

それまでの関東軍の軍事行動は、錦州を空爆して陥落させるための、いわば前哨戦でしかなかったとも言い得る。錦州は、中国東北部遼寧省と北京《ペイジン》を持つ河北省《ホーペイ》との事実上の境に位置する戦略上要衝の地である山海関まで、およそ二〇〇キロの位置にあった。関東軍にとって、錦州は防衛拠点であり、華北攻撃の出撃拠点でもあった。錦州の軍事占領は、満州の完全占領を果たし、満州事変を完結するためにも必須であった。軍事上及び政治上、重要な課題として位置づけられていたのである。

地図上から見れば、錦州は遼西回廊に位置し、北寧・錦朝両鉄道の交差点に所在する。楡関《ゆかん》（山海関のこと）の障壁であり、関内へ通過する要衝である。日本軍による錦州陥落は、遼寧省全省を占領することにあるのみならず、錦州を基地として西へ向かい、次いで平津地区（北京と天津の合称）への侵攻を果たそうとするためであった。

紛争の火薬庫と成り得る国際都市錦州に、関東軍は空爆を強行したことになる。言い換えるならば、関東軍は敢えて錦州の地に火種を持ち込んだのである。その火種から発した火炎は、時を経て北京に、上海に、そして南京《ナンジン》へと飛び火していく。

その有様を石原たち関東軍の急進派将校たちは、予想し得ていたのであろうか。それが日中全面戦争となり、甚大な被害を中国に与え、同時に日本の国力と兵力とを消耗させ、日本人にも塗炭の苦しみを味合わせ、やがては日本敗北への道に繋がっていくことを。

空爆の実相

満州事変勃発以来、原則として不抵抗主義を貫いていた張学良軍は、九月二七日、東北辺防軍司令官代理張作相《チャンズオシアン》によって錦州交通大学に司令部を設置した。関東軍は、東北地域で一定の軍隊を保持していた張学良軍と張作相軍の挟撃に遭遇する危険性を回避するためとの理由から、早期に錦州への攻撃に踏み切ったとする。

参謀本部編纂の『満州事変ニ於《お》ケル飛行隊ノ行動』の「第二款　錦州爆撃」には、「張学良政権及其軍隊は依然満州の一角に蟠踞《ばんきょ》（居座ること）して再び其勢威を挽回せんとするの概《ようす》を示し、我関東軍の左側背を脅威するに至りたるを以て、軍司令官は十月五日午後六時独立飛行第十中隊に対し、左記要旨の命令を与へ、錦州方面に対する捜索を行はしめたり」[14]とある。

張作相

要するに、張学良政権とその軍隊を排除することが目的として示された。それを受けて、錦州爆撃作戦の命令が以下の如く発令される。「関東軍命令の要旨」には、「飛行中隊は明六日左の任務に服すべし　一　遼河以西地区の（地区に於ける兵匪の意）錦州方向に対する集中状態捜索、二　錦州省政府及支那兵営の写真偵察」[15]と明記された。

同書には「右命令に基づき、独立飛行第十中隊は一〇月七日には二又は三機の編隊を以て下碼頭《シャーマートゥ》石仏寺（奉天北方約西北方約五粁《キロメートル》）、陶家屯《タオウジャトン》（下碼頭西方七粁）、蛇山子《シエーサンシー》（陶家屯西方六粁）付近を捜索中支那軍の猛射を受けたる為、之に対し報復的爆撃を行へり」[16]と続く。

また、一〇月八日の錦州爆撃の前日七日に報復のため、何ヶ所かの集落を爆撃したとある。この空爆事例が示すように、満州事変が起きてから、関東軍機による空爆が段階的に開始されていたことになる。

錦州市への都市無差別爆撃に先んじて、奉天周辺の集落への爆撃が始まっていたのである。その限りでは空爆が錦州市という都市だけに限定されず、関東軍の攻撃手段の一つとして立案されていたことを示している。その意味では、集落爆撃と都市爆撃との違いを、ことさら強調する必要はない。

ここでの留意点は、何よりも空爆対象が集落であれ都市であれ、無差別爆撃として敢行されたことである。関東軍は、空爆戦術の採用に特段の注意を払っていなかったのである。

以上で示したように、錦州爆撃以前から関東軍は空爆戦術を繰り返していた。そのことを史料から確認しておきたい。

関東軍飛行隊は、錦州爆撃に備えて事前偵察を入念に実施していた。錦州爆撃以前に、独立飛行第一〇中隊は通遼《トンリャオ》（現在、モンゴル自治区）、洮南《タオナン》（現在、吉林省白城市）及び錦州一帯を重点的に偵察していた。

九月二六日、錦州付近に張作相を主席とする東三省政府が発足する。それを機会に関東軍は、通遼と瀋陽から海龍《ハイロン》までの鉄道線で軍事偵察を続け、断続的に地上に爆弾投下作戦を行なった。こうした経緯で、一〇月八日に錦州爆撃に及んだのである。

あらためて錦州爆撃に出撃した関東軍飛行隊の動きを時系列で追うと、錦州爆撃は一連の空爆行為の延長としてあったことが知れる。出撃部隊は、第一〇中隊の二機の偵察機、張学良の東北航空隊から鹵獲した五機の爆撃機、第八中隊の四機、合計一一機から編成された。その後数日、同飛行隊は遼南各地で空襲を続け、その中で四平《スーピン》（吉林省南西部）―洮南鉄道と大凌河打虎山《ターリンホダーフーシャン》（錦州県）一帯を重点的に爆撃した。

勢いを得た関東軍は、ついに満鉄沿線から遠く離れた錦州市を爆撃する。

2　出撃の経緯―周到な作戦計画―

出撃編隊出揃う

錦州を襲った関東軍飛行隊の出撃部隊の編成は、一体どのようなものであったのだろうか。

第一次世界大戦を経ながらも、航空兵力は戦闘の法則、訓練の方式などが未確定で、一九三一

（昭和六）年一〇月にようやく飛行隊教練仮規定が改正され、改正方針の中で、「国軍の特色を発揮し主として東亜の大陸に於て速戦即決の軍の要求を充足し得べき飛行隊編成の基調たらしむ」[17]と記された。

満州事変の起きた一九三一年九月段階で陸軍航空隊の全兵力は、飛行二六個中隊、気球二個中隊であり、それが八個連隊と気球隊から編成されていた[18]。関東軍は、独立した飛行隊を保有しておらず、重大事件が発生した場合には、平壌《ピョンヤン》駐在の飛行第六連隊（連隊長長嶺亀助《ながみねかめすけ》少佐）から偵察中隊と戦闘中隊各一隊を緊急派遣し、一時的に関東軍司令部に編入する手筈であった。満州事変が起きた翌日の九月一九日、第六連隊は六機から成る独立飛行第八中隊と、一八機から成る独立飛行第一〇中隊に再編成された。錦州爆撃を含め、飛行部隊の九月二〇日以降の動きを時系列で書き出すと以下のようになる。

・九月二〇日、平壌駐在の飛行第六連隊が瀋陽東塔《ドォンター》飛行場に移動完了。
・同月二一日、関東軍司令部が地上部隊支援のため独立飛行第八中隊を長春《チャンチュン》に派遣。独立飛行第一〇中隊を北寧線一帯に派遣。機内搭載の機関銃から地上射撃を敢行。張作相が東北国境警備軍代理司令官に就任。同日独立飛行第一〇中隊は通遼等空襲。
・一〇月二日、錦州爆撃が決定され、五日には第一〇中隊が独立飛行し、錦州方面の偵察を実施。独立飛行第一〇中隊が錦州地区に二日間の偵察飛行を実施。独立飛行第八中隊が四機の八八式偵察機を瀋陽に派遣され、独立飛行第一〇中隊に協力。

平壌駐在の飛行第六連隊は、独立飛行第一〇中隊に八八式偵察機二機と対応する乗組員を増派した。非常に計画性のある爆撃であった。一〇月八日、爆撃も臨時的応急措置として爆弾投下ではなく、徹底した偵察の結果として実戦への突入であったことが知れる。

こうして関東軍飛行隊は、ついに一〇月八日、張学良政権の仮根拠地となった錦州攻撃を敢行する。爆撃を担ったのは合計一一機から編成された独立飛行第八中隊と第一〇中隊の混成部隊である。それは四つの編隊から構成されていた。

一〇月八日に錦州への無差別爆撃を担ったのは、平壌の飛行第六連隊で編成され派兵されていた独立第八中隊（偵察）、同第一〇中隊（戦闘）である。空爆は機体に二五キロ爆弾を四発ずつ真田紐《さなだひも》で吊るし、目測で吊るした爆弾を切り落として投下するという方法で行われた。この投下方法が果たして正確な情報かどうかは、後で述べることにする。

空爆側の資料は『満州方面陸軍航空作戦』に依るが、被害側である中国の記録史料も漸次公表されており、可能な限り参照していく。そのなかでも、一九九五年に出版された『苦難与闘争十四年』には、一〇月九日の調査で死亡者二三人、重傷者二六人、軽傷者三人との調査結果が記載されている。(19) 死亡者二三名の実名が近年明らかにされており、終章で記すことにする。

次に、錦州爆撃を担った関東軍飛行編隊の内容をみておこう。爆撃隊は四つの編隊から編成されていた。

編隊名	隊長名	機種名	機数
第一編隊	（花澤友男大尉）	ポテー機	三機
第二編隊	（宮元守中尉）	ポテー機	二機
第三編隊	（平田辰男少佐）	八八式偵察機	三機
第四編隊	（濱田龍太郎大尉）	八八式偵察機	三機

合計一一機のうちポテー機は、張学良の航空隊が奉天飛行場に残した鹵獲品《ろかく》（押収機）である。また、八八式偵察機六機中の四機は独立飛行第八中隊所属機にし、八日午前中に長春より奉天に飛来した。他の二機は独立飛行第一〇中隊に在平壌飛行第六連隊より補充され、一〇月七日に奉天飛行場に到着したばかりの機体であった。

次に錦州爆撃の飛行ルートや空爆実行部隊について整理しておきたい。

一〇月八日朝、平田辰男少佐率いる独立飛行第八中隊の四機が、長春から瀋陽に到着し、花沢友男大尉率いる七機と合流した。そして、正午一二時に東塔空港を離陸し、錦州に直行する。

相次ぎ離陸した花沢と平田の両飛行隊は、先ず一三〇〇メートルの上空に上昇する。それから大《ダー》遼河《リアオホー》に沿って飛行を続け、「ポテー」機の編隊を先頭とし、直路田荘台《ティエンジュアンタイ》（海城《カイチョン》西方約五〇キロ）から西北を経て、概ね海岸線に沿いに南下。小凌河口《シアオリンホー》の崔屯《ツェイトゥン》上空に到着すると、機首を北方に向け、松山屯《ソンシャントゥン》を経て、太陽の光に沿って錦州に接近していった。編隊群は午後一時四〇分頃、錦州市街の上空に侵入する。編隊は飛行高度一三〇〇メートルを維持したと記録されている。その結果、同書には東大営に二二発、錦州交通大学東北辺防司令部に一〇発の命中弾を得たと記録する(20)。

この航路を選定したのは、大遼河両岸は辺鄙《へんぴ》な田舎で、日本の飛行機群を発見しても警報を発令する機会も設備も皆無だったからだとされる。また、日光に沿って飛行すると目標の発見が容易だとする判断もあった。

平田少佐の戦闘経過談

錦州攻撃には、既述の如く、第三編隊（平田少佐）と第四編隊（浜田大尉）の合計六機の八八式偵察機が参加していた。戦場に投入されるようになった軍用機は最初上空からの敵情・地形偵察、軍隊運用上の伝令的任務、砲兵における目標捜索や射弾観測等の任務に就いた。同時に爆弾を携行して空爆を含め、歩兵の進路開拓など多目的使用が期待された。

ところで当時の偵察機は、近距離偵察機と遠距離偵察機に区分されていた。遠距離偵察機の場合は、他の戦闘機と随伴して戦場に飛行するため、一定の航続距離が求められた。加えて偵察機能を果たすための航空写真機、無線電信電話機、信号拳銃、信号弾、通信筒、手旗、それに加えて一定の武装を施すことになる。戦闘機と同様にプロペラを透して発射する前方固定機関銃、あるいは偵察機の種類によっては旋回機関銃などを装備した偵察機も登場した[21]。

偵察機は以上のように多様な搭載物があり、戦闘機と比較しても機体の大型化が顕著になる。例えば、アメリカのホール・PH二型機は全備重量六九九六キログラム、イギリスのショート・サンダーランド飛行艇は、二〇五六五キログラムにも達していた。

ここで錦州爆撃に出撃した平田辰男少佐の戦闘経過を伝える談話を引用しておきたい。平田は、錦州爆撃隊の全体指揮官である。

平田少佐は、いかなる任務かも知らされないまま、八八式偵察機四機を伴い長春から奉天に移動し、そこで二機の偵察機を加え六機を率いることになった。そして、残りの五機は花澤大尉が指揮したとする。錦州には奉天飛行隊が偵察行動した結果、同地の張学良軍が日本軍の侵攻に備えているとの情報を掴んでいたという。それで全飛行機の一一機、四編隊を花澤大尉指揮する戦闘機隊を先導役として、奉天飛行場を離陸錦州へ向う。目標は張作相公館、交通大学、兵営二箇所としたとする[22]。

そして、爆撃時の状況を次のように回顧する。

目的地上空に達したのは午後一時五十分ころであった。非常な向ひ風であつた為比較的時間を要した訳である。一千米《メートル》の上空に於て四編隊単縦陣を以て八十箇の爆弾を投下したが、僕が投下したのが、僕が落とした最後の爆弾は真田紐が縺《もつ》れていた為、なか〻取れず「エイッ」と力任せ

に引ッ張つた途端うまく紐が切れたので地上目がけて投げつけた(23)

この空爆の様子は、すでに様々な証言で繰り返し明らかにされてきたことだ。平田少佐機は、張作相公館に爆弾投下する。そこでは、「張作相公館の中央煉瓦塀に命中し轟然と爆破した。爆弾投下も訳ない様に思ふかも知れないが、アノ大きな鉄製の重いものを空中で揺られ乍《なが》ら力一杯にかかえて放り出すのは、全くの離れ技だよ。一時に八箇も投げやうものなら、翌日まで足も腰もフラヽする位で、ソレでも錦州上空から各機が七乃至八箇を投下した時間が僅々《きんきん》十分から十五分位」(24)だったと述べている。

細部に関わることだが、搭載した二五キログラムの爆弾の投下方法について、八八式偵察機の場合、「爆弾四発ずつを真田紐で機外に吊るし、目標上空に達すると目測によって紐を緩め、爆弾を投下した」(25)とされてきた。

だが、平田少佐の陳述では、「鉄製の重いもの」、つまり爆弾を「空中で揺られ乍ら力一杯にかかえて放り出す」(傍点引用者)とあるので、爆弾を機外に吊り下げて切り落とす方式でなく、機内に搭載し、手から直接投下したのではないか、とも読み取れる。恐らく爆弾は機内に真田紐で確り固定され、それを振り解いて投下したのであろう。その途次、爆弾を固定するために結わえた真田紐が縺れ、「放り出し」に手間取ったということではないか(26)。

それは兎も角として、平田少佐指揮する六機は奉天に直接帰還。その後四機を率いて長春に戻った。花澤大尉が指揮する残りの五機は航続距離の問題で大石橋《ダーシーチャオ》飛行場に着陸し、給油後に奉天に帰還する。こうした爆撃前後の経緯を説明した後、平田少佐は、「錦州の損害は相当多大のものであつたろうが、精神的に与へた苦痛はヨリ以上であつた事は事実であろう」(27)と締めくくっている。

この平田少佐の経過談は、恐らく帰還先の長春で大連《ダーリエン》市役所議長室に本会事務所を設置する在満人日本人時局後援会のスタッフが取材したものと考えられる。そして、最後の物理的効果よりも、精神的苦痛を与えたことが〝成果〟だと言い切る。これは石原の言う政治的効果と相まって、錦州爆撃の目的が何処にあったのかを語っている。

一方、その向こうで錦州市民に多大の死傷者を生み出していたのである。このことは後で改めてふれることにしたい。

片倉衷の証言から

こうした関東軍飛行隊の行動を知るうえでは、満州事変に深く関わった関東軍の片倉衷《かたくらただし》参謀（関東軍参謀部総務課）が書き残した回想録の『戦陣随録』と「満州事変機密政略日誌」の二つの史料も役立つ。

まずは片倉が戦後出版した『戦陣随録』のなかで、爆撃機に搭乗して無事帰還した石原と面談した折の状況を、以下のように記している。

十月八日の夕刻、私は板垣参謀その他と要務のため、満鉄理事会館で木村鋭市《きむらえいいち》理事と会食中であったが、会食半ばに石原参謀が飄然《ひょうぜん》として現れ、「唯今、錦州へ爆弾を落として来た」といとも平然として報告した。が、木村理事は顔面蒼白となって卒然として起立し、席を起ってどこかへ出て行ったが、いまなお、当時の情況を彷彿として思い浮べることができる(28)

片倉の回想を額面通りに解すると、関東軍の飛行隊が錦州上空で偵察活動中に中国軍から対空砲の反撃を受けたと言う。飛行隊は、最初から空爆を断行する腹積もりであった。爆撃に参加した使用機は、実際のところ一一機であった。だが、第二師団の飛行中隊にも参加要請の意図があったとして、実際以上の規模で空爆を実施しようとしていたことが判る。

石原が錦州爆撃に深く関わっていたことは、客観的に立証されている。石原の言動に関する表現が過剰な感じは否定できないが、そうだとしても、石原の対応ぶりは、恐らくこれに近いものがあったのではないか。

同時にチェコスロバキア公使なども務めた外交官出身の満鉄理事木村鋭市にしてみれば、欧米諸国、とりわけアメリカが深く関心を抱く中国華北地域の近接地である錦州で、関東軍機が国際法上にも問題が多い空爆を強行したことの意味を咄嗟に理解したのであろう。その驚愕ぶりを窺い知れる。錦州爆撃の一報を聞かされた木村が驚愕したのは、外交官としての見識からであろう。

事実として、都市無差別爆撃による被害体験を持つイギリス、フランス、ドイツなどの第一次世界大戦の参戦諸国が、空爆に非常に敏感になっていたのである。関東軍は、言わば踏んではならない虎の尾を躊躇なく踏んでしまったことになる。

次いで、「満州事変機密政略日誌」の「四、錦州政府の爆撃（十月八日　晴）」の項も参考となる。

此日飛行隊は錦州政府が策謀を恣《ほしいまま》にした東北治安を紊乱《びんらん》し、之が維持に任じある我軍の行動を妨ぐるを以て覆滅すべしとの軍の命令に基き、午後飛行開始十二機編隊を以《もっ》て悠々錦州の上空を旋回し、午後二時、二五瓩《キログラム》爆弾七十余を投下す、当時石原参謀視察せり。元来近く樹立せられたる錦州政府は、十月二日の軍首脳部最高会議根本方針に基《もとづ》き、其存在は満蒙治安の紊乱たるのみならず、新政権樹立運動を妨ぐるを以て絶対に容認し難き所にして、殊《こと》に近時の如《ごと》く策謀を逞《たくまし》うするに於ては、一日も忽《ゆるがせ》にする能《あた》わず(29)

ここには石原の側近であり、錦州爆撃計画に深く関わったとみられる当事者としての片倉の荒々しい感情が剥き出しとなっている。その興奮ぶりから、錦州爆撃に踏み切った背景が窺い知れる。片倉が作成した「満州事変機密政略日誌」は、石原莞爾関東軍参謀などの推敲を経て、参謀本部戦史課安《やす》井《い》藤《とう》治《じ》大佐に提出されたものであった。同日誌には、この間の関東軍の錦州爆撃に至った説明と経過が簡潔に記されている。すなわち、一〇月二日に爆撃の最終決定がなされたこと、張学良の東北軍を中心に満州地域の治安を乱す行為を抑えるための作戦行動であったこと、などの見解が披歴されている。

以後、日本政府及び陸軍中央は、大筋においてこの説明を踏襲することになる。そこで含意されているのは、錦州爆撃が侵略的なものではなく、あくまで防衛行為とする筋立てが示されていたことである。こうした弁明に近い内容は、特段珍しいものではない。典型的な爆撃の口実であり、日本国内や世論にも浸透していく内容であった。

この間、東北軍は原則として不抵抗主義を採っていたが、一切無抵抗であった訳ではない。同軍は、九月二四日に日本軍第七八連隊（第二〇師団麾下）が守備していた瀋陽の兵器工場を襲撃し、同月二八日には南嶺《ナァンリィン》に展開していた第二師団（仙台）の兵営を夜襲した。錦州爆撃の後も一〇月一一日に営口《インコウ》の日本軍守備隊を襲い、同月一六日には昌図《チャントゥー》県城を攻略し、さらに二三日には、瀋陽以西の李官堡《リィーグヮアンプウー》付近の日本軍守備隊に攻撃をかけたとする記録がある。

ここで、一旦少し時間軸を先に進める。一〇月八日の錦州爆撃以後、関東軍から陸軍中央に打電された内容を追っておく。

一九三一年一〇月一一日付の「満洲事変作戦指導関係綴　錦州爆撃の真相」(30)という文書には、錦州爆撃が実行されてから三日目の詳細な内容が記されている。関東軍参謀長から参謀総長宛に打電された電文である。少し詳しく引用しておく。

冒頭にて、「錦州付近爆撃の已《や》むなきに至りし経緯」として、「一、錦州に於ける張学良、張作相等の軍憲は王以哲《ワンイージェ》軍の錦州附近集結を計る」状態にあったとする。これが他の部隊と共同して関東軍を挟撃する構えみせていることから、関東軍は自衛上錦州での討伐作戦をやむを得ないと判断した。その結果として、「実行手段として飛行隊を以て爆撃に依ることとし、十月八日正午頃軍飛行隊を派遣せり、而《しか》して部隊が午後二時頃錦州上空を飛行偵察中敵の地上射撃を受けたるに場を離れ遂《つい》に該地の軍隊及軍憲公署を爆撃するに至れり」[31]とした。

この後、続々と在中国外交官や駐在武官などから、錦州攻撃の状況が日本本国に向けて打電されていく。最初の電報は、錦州爆撃が強行された八日当日から発信されている。

例えば、在奉天久保田武官より小林躋造《こばやしせいぞう》海軍次官宛電報は、「第二番電　午前八時我軍飛行機十錦州仮政府の為（目的は民意に反し安民を害する陰謀の根拠覆滅しある旨の宣伝「ビラ」携行）奉天発八日」[32]と報告する。錦州爆撃は、八日の午後に強行されたが、電報は「午前八時」となっている。同様に在北平矢野《やの》真《まこと》参事官から幣原《しではら》喜《き》重郎《じゅうろう》大臣宛電報には、欧米諸国の報道内容を紹介する記事が紙面を覆う。例えば、「錦州爆撃被害に関する北平諸新聞報道について」には、「日軍（日本軍）飛行機十六台、錦州を襲撃爆弾三十六発を投下し死者十六名、負傷者無数を出したる」[33]との電報が入る。

爆撃を投下した飛行機数は一一機、投下爆弾数は七五発とするのが、防衛庁防衛研修所編纂の『戦史叢書』に記録された公式の数字である。それと比べて電報で報告された数字は、少し多く見積もった感がある。

爆撃効果と爆死者

一〇月八日午後二時前後から始まった空爆は、張学良政権の所在地となっていた錦州交通大学、張学良軍の兵営である東大営（七〇万坪）が、空爆目標の主な対象とされた。錦州爆撃が一体どれほどの被害を張学良側に与えたかについては、諸説が存在する。投下された爆弾数や爆撃手法についても同様である。その数値については、すでにふれた通りだが、加えて他の記録結果も取り上げておきたい。

空爆方法として、「空爆は機体に二五キログラム爆弾を四発ずつ真田紐で吊るし、目測で投下するというやり方で行われた」(34)とする。それは各種の史料にほぼ共通する。当該期の飛行機の性能技術からして、爆撃に使用された八八式偵察機にもポテー機にも弾倉を機内に装着しておらず、原始的な手法に頼らざるを得なかった。照準器も不在なゆえに、目測頼りであったことも知られている通りだ。

日本側の研究では、錦州爆撃の被害状況について詳細な数値を確認し得ていない。史料に記された様々な数値を紹介したが、高度約三〇〇〇フィート（約九〇〇メートル）から投下されたのは、二五キログラム爆弾七五発であり、死者は一九名と報告された。この爆撃は、爆撃機によるものではないため、爆撃効果は当初より期待されなかった。むしろ事変不拡大を唱える日本政府に対し、森井大輔は「満州事変（錦州爆撃）と対外宣伝について」のなかで、「対外決意を鞏固《きょうこ》らしめんために行うという極めて内向きの目的を有していた」(35)と指摘する。

中国側の調査によれば、袁成毅《ユアンチァンイー》論文では中国側の被害は、「俄国《ソ連》教授一名死亡、平民死亡者二〇名、中国軍兵士一四名死亡」[36]となっている。調査によれば、空爆によりゴルブツオーフ氏なる人物が爆死したとされる。錦州に所在する交通大学のロシア人の教授である。現時点で管見の限りでは、死者三五名は最大値である。

また、錦州市東北抗日義勇軍研究会会員の張桂芝「錦州―日軍無差別爆撃中国一城」では、民間人二三名が被害に遭い、重傷者二〇名、軽傷者八名として、錦州爆撃こそ第一次世界大戦後、世界初の無差別爆撃都市となったとする。なお、投下爆弾数は八〇発としている[37]。

これが今日の中国側の錦州爆撃研究において示されている数値であり、特に爆死と重傷者の合計では四三名の犠牲を強いられていたことは注目すべき指摘である。しかしながら、鉄道などインフラ破壊の程度については、詳細な記録は不在に近い。

ロシア人のゴルブツオーフなる人物については、日本側の記録でも正式に認められた死者であることが確認できる。

一九三二年二月一八日付で奉天総領事代理森島守人《もりしまもりと》が外務大臣芳澤謙吉《よしざわけんきち》に宛てた電文「錦州に於て爆死せる旧露国人に対し賠償方等申出に関する件」には、「客年《かくねん》〔昨年〕一〇月八日錦州に於て我軍の爆撃により死亡したる同地交通大学教授無国籍露国人「ゴルブツオーフ」の遺族より軍側に対し、遺骸輸送方及遺族扶助の為金員支給方別紙露文の通申越した」[38]とある。遺族も救済金の要請を行なっていたのである。

これに対し、斉斉哈爾《チィーチィーハァール》特務機関から同氏の未亡人であるオリガ・ワシーリエブナ・ゴルブツォーフに対し、一五〇円の見舞金が支給された。さらに同未亡人より軍司令官に対して一万円の支給請願があったと記録されている。(39) 大卒事務系の初任給が七〇円、一か月の新聞代が一円程度の時代に一五〇円の見舞金も、一万円の支給請願も高額である。

この問題には、現地の奉天総領事館も相当に神経を使っていたようである。その理由として、「錦州爆撃が世界の与論を刺激せる関係もあり、連盟調査団渡満前「ゴ」に未亡人へ相当の見舞金を与へ、結果を付け置く方我方の公正なる態度を示すか為にも得策なりとの協議の結果哈爾賓《ハーアルピン》特務機関より金五千円立替支出」(40) したと記録されている。

現在の金額にしておよそ二〇〇〇万円程度に相当する五〇〇〇円を支出するほど、ロシア人被害者への重ねての気配りの背景に、仮想敵国であるソ連との間に軋轢《あつれき》が生じるのは、不得策とする判断が動いたこと、欧米諸国が抱く日本への警戒心を少しでも緩和しておきたい、とする判断が動いたのであろう。

被害実態については、今後の調査研究の結果次第で変わる可能性は否定できないが、そう大きな変化はないと思われる。問題は、こうした数字の多寡ではなく、都市無差別爆撃という事実であり、日本側の徹底した自己正当化の非合理性である。それこそが、日本の針路を危うくさせる重大な事件として記憶されたことであった。

加えて、錦州爆撃は、石原莞爾の立案とされるが、張学良の錦州政権攻撃という軍事目的以上に、日本政府及び軍中央が恫喝を狙った行為として位置づけられる。

爆撃規模が小さかったのは、当時の関東軍が保有する航空戦力の限界もあった。錦州爆撃は、確かに軍事作戦の一環ではあったが、より本質的には軍事より政治が優先された典型事例として位置づけられる。ただ厳密にいえば、軍事行動と政治判断とは、常に一体として把握されるべきものである。つまり、軍事上の成果に関わりなく、日本の孤立への道を歩む起点となったとの意味で、錦州爆撃は負の政治効果を招いたといえよう。

爆撃命令

爆撃命令が発出され、ついに錦州爆撃に至る過程と爆撃の実際を今一度別の視点を加えて追っておく。そこで、先にも引用した「満州事変機密政略日誌」の記載内容について、一部は繰り返しとなるが簡約する。

関東軍飛行隊の一一機はおよそ二四〇キロを飛行した後、午後一時四〇分に錦州上空に到着。次いで、錦州東部と北西部の目標に都市無差別爆撃を強行。そこで関東軍参謀の石原莞爾は、飛行隊に同乗して監督戦を実施。錦州市内の錦州交通大学、東北軍が駐屯する北京大営と錦州駅、錦州東関柱街、東大営民居、鉄北民家等への爆撃を敢行する。

この結果、爆撃は軍事施設だけでなく、民家や病院なども含むこととなり、多くの民間人の犠牲者を生み出すことになった。ここでは日本機が七五発の爆弾を投下し、民間人五八名を爆死させたと記録する。

こうした日本側史料を踏まえて、中国側の研究では、錦州爆撃が第一次世界大戦以後、初めて無差別爆撃受けた都市になったとする。日本側の史料には、当時から現在までも含めて、錦州爆撃という用語は使用されるが、「都市無差別爆撃」とする評価や位置づけは皆無である。

加害側が積極的に無差別爆撃と表記しないのは、当該期の国際法に触れるとの認識があったからなのか。そうした国際法の認識が不在であったのかは、容易に断定できない。ただ、ひたすら過剰なまでの正当防衛論を繰り返す背景には、国際世論の厳しい声を回避したい、という受け止めをしていたからかもしれない。

そのためか「満州事変機密政略日誌」では、関東軍飛行隊が錦州爆撃を敢行しようとした原因として、一〇月八日、張学良の残党が南満州鉄道から一〇〇キロ以上西に位置する錦州に集結、再び軍事政権を打ち立てつつあったこと、関東軍は錦州の勢力が吉林《ジーリン》周辺の北部勢力と連動し、奉天を挟撃しようとしているとする情報を入手したこと、などを列記しながら、爆撃の正当性を繰り返す。最終的には、張学良の策動の根源を排除すべく錦州爆撃に踏み切ったと同日誌は説明する。

こうした状況下、飛行隊長が錦州付近は偵察済であり、直ちに爆撃実行は可能とする意見を具申する。そして、七日午後に飛行中隊長に命令されたのは、錦州省政府根拠地の覆滅を任務とし、爆撃目標として省政府官庁と第二八旅の兵営を示し、其の使用機数は〝成し得る限り〟としたと記す[41]。

使用機数については、最低限度の機数に留まっており、事実、鹵獲した航空機まで出動させているることから、爆撃の決行をかなり急いでいたことが窺える。陸軍中央からの制止を振り切り、一〇月一四日開催予定の国際連盟理事会に先んじて行動を起こす必要があったのである。

「漠然たる凶電」

ところで関東軍は、何ゆえに錦州爆撃を強行したのか。戦後に記された当時の関東軍や陸軍中央に関する記録から、その理由を探ってみる。まず、『三宅坂―軍閥は何をしていたか』から次の文面を引用しておく。執筆者の村松秀逸《むらまつしゅういつ》は、当時、関東軍参謀付であり、戦後は参議院議員を務めた人物である。「三宅坂」とは、その地名から参謀本部のことである。

錦州は学良の巣窟、満州錯乱の策源地、関東軍は、これに対して、何等かの企画をやりたいと思うから御含みを乞うという漠然たる凶電の前触れを、三宅坂の首脳者が閲覧したのは、十月八日の昼頃であった。(42)

錦州爆撃を陸軍中央に予感させる「凶電」としているが、この内容は管見の限り史料では確認できない。また、同書には錦州爆撃の詳細な内容が以下の如く記されている。現地の様子はどうだったのだろうか。

錦州城内の「ラマ塔」(1930年当時)
(愛知大学国際中国学研究センター提供)

八日の朝、飛行機は錦州爆撃を命ぜられた。使用機はサルムソン爆撃機ではない偵察機である。天候は雲量五というから、満州の秋にしては、大した上天気ではない。一路遼河に沿って南下、海に出てから、渤海湾《ぼっかい》の北岸沿いに西航、熱河省境の黒い山々が前にせまり、錦州県の白い塔が、左手に見えだした頃、「よし投下だ」というわけで、錦州駅と学良の本営にあてられていた、東北大学をねらって、投弾したのである。高度千五百、爆弾自体も小型で、しかもスイッチを切っての投弾ではなく、真田紐を切っての投弾であるから、大した損害を与えることはできなかった[43]。

文中にある「白い塔」とは錦州城内にある広済寺境内のラマ塔のことである。六一一年の創建、一〇五七年に修築された正式名「八角形十三層」で、高さ七一メートル余りの堅固なレンガ造りの塔である。錦州接近の格好の目標物とされた。

以上に引用した村松の著作は、後付けの感は否定できないが、当日の天候、錦州への飛行経路、爆弾投下模様など、ほぼ事実通りであると推測できる。また、「東北大学」とあるのは誤りで、張学良の仮政権が置かれた錦州交通大学のことである。

錦州爆撃の実行が関東軍の独断であったのか否かは、満州事変自体の性格を読み解くうえで重要である。だが、如何なる経緯を経て実行に至ったかの問題より、その結果から派生する国内外の反応の大きさの方が問題である。

「九月二四日」の錦州爆撃

ところで先に引用した張桂芝《ジャングイヂー》の論文には、「一九三一年九月二四日、一〇月八日に、日本機は前後二回にわたって錦州を無差別爆撃した」(44)との記述もある。どの程度の空爆であるかは定かでないが、既に関東軍機が満州地域内で空爆を単発的に実行しており、その一環として錦州県地域に小規模ながらの空爆を行なった可能性がある。

張桂芝は、都市無差別爆撃の嚆矢として、「ヨーロッパではなく、一九三一年九月二四日に日本軍が錦州を爆撃した。錦州は戦後〔第一次世界大戦後〕初の無差別爆撃で暴虐された都市となった」(45)と記す。爆撃対象地域が都市であったか、村落であったかは本質的な問題ではない。恐らく錦州市内周辺の地域、広義には錦州県とされる地域への無差別爆撃が、規模の問題を別として強行された

錦州交通大学入口

（愛知大学国際中国学研究センター提供）

のである。

『錦州淪陥軼事《りんかんいつじ》』によると、日本軍機は、「一九三一年九月二四日、一〇月八日、二回に及び飛行機で錦州を爆撃した。一回目は飛行機三機、二回目は一二機で編隊を組んだ。日本関東軍参謀長の石原莞爾が督戦し、錦州両署の政権の所在地である錦州交通大学、東北軍駐軍北大営、小岭子《シィアオリィンチェ》の張作相の官邸及び錦州火車駅〔錦州駅〕、錦州東関石柱子街、東大営民居、鉄北民居などの場所に無差別爆撃を施し、爆弾七五個を投下し、無辜の良民には五八人の死傷者が出た」とある。

ちなみに、張作相の官邸は、現在の錦州市太和区桃園北里三一番地に位置しており、市内中心から小凌河を渡った場所である。同地は市内からおよそ七・五キロメートルの距離にある。同官邸を最初から空爆目標として爆弾を投下していることがわかる。事前の偵察行動により、空爆目標の絞り込みも徹底して実施されていた証拠であろう。

九月二四日にも錦州爆撃があったと記しているが、これは日本側の史料では確認できない。だが、偵察機による偵察行動の可能性がある。二回目の一〇月八日には合計一一機による空爆があったことは間違いなく、一二機の記述は間違いと思われる。だが、ここでは軍事目標に該当する東北軍駐軍北大営以外に「錦州東関石柱子街、東大営民居、鉄北民居」など非軍事目標も空爆された事実を記している。これらの点から錦州爆撃が都市無差別爆撃とされる理由である。

さらに同記事には注目すべき指摘がもう一ヶ所ある。以下の内容である。

日本軍機は錦州を二回爆撃した。しかし錦州の古塔老城区《グーターラオチョン》は爆撃していなかった。なぜかというと、当時古塔老城区には日本人経営の商行が多くある。これらの商行は商売をやるという口実で開いてはいるけど、実は日本軍の密偵が集まる拠点なのだ。

これが事実だとすれば、関東軍機による空爆は、非軍事目標をも文字通り「無差別」に攻撃したが、その反面で「古塔老城区」〔現在の古塔区〕という非軍事目標と認定される地区は空爆の対象外としていたことになる。つまり、非軍事目標を無作為に爆撃したというより、そこでは「選別爆撃」を敢えて行っているような空爆方法を採っていたことになる。

当時の非常にアナログチックな爆撃方法で果たして地域の選別が可能であったかは疑問が残る。

だが、侵入高度が約一三〇〇メートルであり、かつプロペラ複葉機による低空爆撃であったこと、ラマ塔という格好の目印となる建築物があったことなどを考えれば、同地域を爆撃の対象外とすることは目視でも可能であった、との推測は可能である。しかも八八式機などは、最高時速で二二〇キロメートルであったことも加味する必要もある。天候条件さえ許せば目視による爆撃対象の選択は、十分あり得たと判断できよう。

「九月二四日」の錦州爆撃を裏付けることができる、もう一つの情報として、一八八一年にシンガポールで創刊された華語新聞の『叻報《ルウーパアオ》』(Lat Pau)(一九三一年九月二五日付)に、「日兵強迫新民商店改懸日旗幟。日軍已佔領新民縣。威迫市上各商店改懸日本旗。現似向錦州方面推進。我國軍隊則已向西退卻(日本軍は新民《シンミン》の商店に日本国旗を掲げることを強要した。日本軍は新民県を占領した。市の個々の商店に日本国旗を掲げることを強要している。今は錦州方面に向かうようだ。我が国の軍隊は西へと退却している)」[46]との記事がある。

ここに登場する「新民県」とは現在、遼寧《リアオニン》省瀋陽市に含まれる県級市である。中華民国成立時から「新民県」とされ、それに近接するのが「錦州県」である。つまり、関東軍は錦州爆撃に先立ち、隣県を事実上占領状態に置いていたのである。

爆撃を正当化する

錦州爆撃の目的は、奉天から根拠地を錦州に移した張学良政権を壊滅に追い込むことであった。

関東軍にとっては、満州支配を完成し、合わせて華北地域への侵攻の機会を形成することが、占領地域の維持防衛のためにも必須の課題となっていたのである。

関東軍は錦州に仮政権を樹立した張学良の動きに絡めて、爆撃二日前、一九三一年一〇月六日付の外交文書である「錦州政府および王以哲軍の対日行動について」では、「関東軍第六一〇号　一錦州に於ける張学良政権は日本軍守備区域内にある各県長並地方機関に対し日本軍の命令に従ふことなく、張学良の命令を遵奉すべきを通達すると共に便衣隊密偵の派遣並宣伝扇動に依り、軍守備区域内の騒乱を図り、益々不逞の行動に出でつつあり」(47)と記していた。

この時点で、関東軍飛行隊は行動を開始しており、「我飛行隊は昨五日以来極力右敗残軍の行動を偵察し、之か妨害を企画しつつあるも敵は、縷々《るる》地上射撃を加へたり」(48)と記す。ここには錦州爆撃を正当化する弁明が重ねて記述される。

さて、関東軍は錦州爆撃を敢行した一〇月八日の午後、爆撃の事実を参謀次長に打電する。それは外務省、国際連盟、駐米日本大使に対し、「錦州爆撃の正当性を認識せしむる如《ごと》く勉《つと》める」とする内容であった。関東軍は爆撃の正当性につき、批判や反発を覚悟していたのであろうか。この電文で、沈黙するのでなく、積極的な正当論の開陳が不可欠とする認識を示した背景に、国際法上の問題を一定程度意識していた証拠ともみて取れる。

その電文内容を先取りするかのように、爆撃と同時に偵察機からビラが撒布された。内容は空爆の理由と正当性を訴えるものであった。以後、日本政府が繰り返すことになる空爆正当論の原型となる。例えば、「昭和六年一〇月九日　三宅関東軍参謀長より二宮参謀次長宛　錦州方面飛行偵察の際撒布予定の宣伝文について」には、以下の文面がある。

渾身是《こ》れ野心満腹是れ私利なる旧東北軍首脳者等は、錦州に潜在し我治安の下に安生しつつある地方に迄其陰謀を逞《たくま》しうし、殊《こと》にその便衣隊を以て人民を脅迫し為に、東北に於ける日支民衆に不安と動揺を与へつつあり。剰《あまつさ》へ錦州に軍隊を集結すると共に敗残兵を近く満鉄東西の地区に糾合し、相呼応して我軍を挟撃せんとす。此《ここ》に於て我軍は自衛的行動に出て禍根を防遏《ぼうあつ》するの已《や》むなきに至れるも、正義人道の擁護と民衆保護に専念しつつある我軍は、善良なる一般民衆に危害を加ふるものに非《あら》ず。市民夫《そ》れ能《よ》く之《これ》を省察させよ。(49)

錦州への都市無差別爆撃を敢行したことへの認識は、「我軍は、善良なる一般民衆に危害を加ふるものに非ず」との文面から微かに感じることはできる。しかし、それ以上に張学良政権側の反日的姿勢こそが問題であるとする。それへの対抗措置として爆撃に踏み切った経緯を説明し、国際社会からの批判を回避しようとしたのであった。「正義人道の擁護と民衆保護に専念しつつある我軍」云々は、自己正当化のためのものでしかなく、日本国内向けのプロパガンダ以上のものではないことは明らかであった。

関東軍を始め陸軍中央、外務省は、こうした爆撃正当論を繰り返すこととなる。そこには爆撃行為への国内外からの批判を回避したいとする思惑が透けて見える。

とりわけ欧米からの反発を恐れる幣原外相宛には、その不安を払拭するかのような情報が現地駐在の外交官たちから重ねての電報が発せられている。

例えば、錦州爆撃が敢行された日に打電された在奉天総領事からは、幣原外務大臣宛（電報）「錦州へ出動の日本軍飛行機の中国軍隊爆撃について」には、以下の文面が記載されている。少し長いが現地報告として、関東軍の動きを肯定的に捉えている文面なので紹介しておきたい。


八日午後二時、我が飛行隊は状況偵察の目的を以て北寧線錦州に飛行したるに、地上射撃を受けたるに依り、支那軍隊を爆撃し多少の損害を与えたるが如き処軍側の説明に依れば、元北大営駐箚《ちゅうさつ》の王以哲の敗残軍漸次錦州方面に向ひつつあり。

既に錦州に到着せるものあるが如く、他方錦州に策源地を設定せる張学良、張作相の軍憲は最近多数の便衣隊及諜者を放ち、南満沿線の治安を攪乱《かくらん》すると共に、敗残の軍隊を満鉄線の東西地区に集結し、我が警備力の薄弱なるに乗じ東西より挟撃せんと欲しつつあるに依り、状況偵察の目的を以て軍飛行隊を錦州に飛行せしめたるに、地上射撃を蒙《こうむ》れるが為、支那軍隊を爆撃したるものなる由。(50)


この電報にみるように、発信地に関係なくほぼ同一の内容が繰り返されることになる。そのなかでも本報告は、中国側が攻勢に出ている現状から、飛行隊による反撃を行なったとする観点を強調したものである。関東軍の先制攻撃ではなく、反撃としての軍事行動であるとする観点は、以後日本政府が国際連盟における欧米諸国への事情説明として多用されることになる。それが外務省の公式記録となっていた。

在中国駐在の外交官のなかには、関東軍の行き過ぎた行動に批判的な反応を示す者も少なからずいた。しかし、電文の多くが関東軍の行動を概ね容認し、関東軍への批判を軽減するための情報発信と欧米諸国政府への事件説明において、日本への反発を抑えることに腐心していた様子が窺い知れる。外交官たちは、爆撃被害の実態をも数字を示しながら本国に伝えていたが、いずれも過少に評価する傾向は否めなかった。

爆撃の理由―陸軍中央に決断を迫る

関東軍が陸軍中央との駆け引きを繰り返すなかで、最終的に錦州爆撃に踏み切った真意は、一体どこにあったのであろうか。

すでに述べた通り、張学良政権の排除により、満州地域の軍事占領を完結することにあった。同時に錦州を支配下に置かなければ、華北地域への侵攻は軍事的に不可能であったのである。

このことを当時、関東軍主任参謀の遠藤三郎《えんどうさぶろう》大佐は、日記で、以下のように端的に述べている。

錦州軍政権を駆逐して策謀の根源を除くことは、関東軍の強く希望するところであった。しかし、このため地上軍を使用することは、兵力、作戦準備の面から無理があり、陸軍中央部も積極的な用兵を許さなかった。さらに、十月十四日に予定されている国際連盟理事会を刺激するような行動は、関東軍司令官としても、もとより欲しないところであった。

このような情勢であったが、「錦州付近に張作相を首席とする東三省政府樹立」の報を受けた九月二十六日、軍司令部においてその対策が論議され、「爆撃して脅威を加える」との意見が大勢を占めたようである[51]。

空爆作戦が選択されたのは、攻撃対象地が遠隔地にあり、輸送力の点からも地上戦力の投入には限界があること、しかも少数兵力による作戦の実施を余儀なくされる現状から決断されたとする。この点は、石原の判断と共通する。加えて、国際社会の反響をも視野に入れつつも、満蒙問題解決に明快な姿勢を示そうとしない日本政府に、積極的な姿勢を採るよう圧力をかける意味合いもあったとする。

後に強行された重慶爆撃にも関与することになる遠藤は、この日記のなかで「関東軍では素朴ながらも後年の戦略爆撃の思想の原型が形成されつつあったことがわかる」[52]と記し、錦州爆撃は、後の重慶爆撃の先鞭をつける機会にもなったとしている。以上の意味で、錦州爆撃は空爆による作戦行動の広域性を担保し、同時に損害を極力回避でき、しかも確実な戦果を挙げる戦法として認識される機会となった。重慶爆撃への道は、この時すでに始まっていたといえよう。

注

（1）野沢正『日本航空機総集　立川・陸軍航空機廠・満飛・日国編』出版協同社、一九八〇年、参照。また、秋山紋次郎・三田村啓『陸軍航空史―黎明期～昭和一二年』（原書房、一九八一年）によると、「明治四十三年十二月十九日〇七五〇　徳川大尉はアンリーファルマン式機により、約三分間、高度七〇米《メートル》で代々木練兵場の外周を一周し、約三〇〇〇米の距離を飛んだ。これこそ日本における飛行機の初飛行であった」（一七～一八頁）と記されている。

（2）田中利幸『空の戦争史』（『講談社現代新書』）講談社、二〇〇八年、一二～一三頁。

（3）この歴史事実については、林優来「リビア戦争におけるイタリアの航空機利用―航空作戦とプロパガンダの視点から」（明治大学国際武器移転史研究所編『国際武器移転史』第九号、二〇二〇年一月）が参考となる。

（4）日本における軍用気球に関する研究は少ないが、千田武志「海軍航空機生産体制の形成に果たした臨時軍用気球研究会等の役割と影響―海軍省の航空に関する調査活動の実態と海軍航空独立への軌跡を求めて」（同右『国際武器移転史』第一四号、二〇二二年七月）が参考となる。

（5）吉田敏浩『反空爆の思想』（『ＮＨＫブックス』）日本放送出版協会、二〇〇六年、一三三頁。前掲『陸軍航空史』も、青島空爆にふれて、「〔一九一四年〕十一月五日徳川〔好敏〕大尉は単独で出動し、敵の後方堡塁方面を爆撃して帰還した。翌六日、航空隊は三機に各二～五発の爆弾を積み、青島市街方面を偵察爆撃した」（二六頁）と記されている。

（6）同右。なお、ここで言う爆弾の種類は不明だが、佐藤賢了『佐藤賢了の証言―対米戦争の原点』（芙蓉書房、一九七六年）には、佐藤の証言として「三八式野砲弾をちょっと改造したものを落としただけだった」（九七頁）との記述がある。
（7）西原勝『陸軍航空を語る』人文書院、一九四〇年、一三頁。
（8）角田順編『石原莞爾資料』戦争史論篇（『明治百年史叢書』）原書房、一九六八年、四三頁。
（9）攻撃兵器として航空機の役割が浮上するなか、その攻撃手段としてのガス兵器への関心が一九二〇年代中ごろから軍内部では活発に議論されるようになる。例えば、偕行社編『特別陣地攻防演習参考書』（偕行社、一九二七年）の「八　瓦斯防護教育参考書　第三節」には、「航空機は大なる行動区域と迅速なる移動性とを有するを以て火砲の射程外に於ても随所に敵を急襲し瓦斯威力を発揮し又砲兵に比し我か企画を敵に暴露せざるの利益ある（後略）」と記し、石原の言う「爆撃瓦斯攻撃」の威力を評価する。さらに、後段では航空機の命中精度に課題は残るものの、「行軍縦隊、宿営地、司令部、交通線の交会部、大停車場、諸廠、製造所其他軍事諸施設は航空機の為好目標を呈するものとす」と航空機の空爆対象の無限定性を強調している（二二頁）。
（10）八八式偵察機について、水沢光は「八八偵察機は、当時としては近代的な骨格構造を持つ乗員二名の偵察機で、国内の航空機製造会社が設計し成功した初期の代表的な航空機だった」（『軍用機の誕生―日本軍の航空戦略と技術開発』吉川弘文館、二〇一七年、二三～二四頁）と記している。なお、日本陸軍の航空史について詳しくは前掲『陸軍航空史』（原書房、一九八一年）を参照。
（11）藤原彰『軍事史』（『日本現代史体系』）東洋経済新報社、一九六一年、一七二頁。
（12）陸軍省新聞班編『空中国防の趨勢』国防協会、一九三八年、四頁。
（13）楢崎敏雄『空中戦争論』日本評論社、一九三三年、八頁。
（14）参謀本部編纂『満州事変ニ於ケル飛行隊ノ行動』上、偕行社、一九三四年、九頁。
（15）同右。

(16)同右。
(17)前掲『陸軍航空史』一三四頁。
(18)八個連隊の配置は、飛行第一連隊（戦闘四個中隊　各務原《かがみはら》）、飛行第二連隊（偵察二個中隊　各務原）、第三連隊（戦闘三個中隊　八日市）、飛行第四連隊（偵察二個中隊・戦闘二個中隊　大刀洗）、飛行第五連隊（偵察四個中隊　立川）、飛行第六連隊（偵察二個中隊・戦闘二個中隊　平壌）、飛行第七連隊（重爆二個中隊・軽爆二個中隊　浜松）、飛行第八連隊（偵察一個中隊・戦闘一個中隊　屏東《ピンドン》（台湾））、気球隊（気球二個中隊　千葉）であった。
(19)王承礼・常城・孫継武総主編『苦難与闘争十四年（东北沦陷十四年史丛书）』、中国大百科全書出版杜、一九九五年。
(20)前掲『満州事変ニ於ケル飛行隊ノ行動』一一～一二頁。
(21)西原勝『陸軍航空を語る』人文書院、一九四〇年、二三～二五頁。
(22)浅野虎三郎『時局解説書第一編　満州事変の経過と現状』在満邦人日本人時局後援会、一九三二年、一九頁。
(23)同右。
(24)同右、一九頁。
(25)前田哲男『戦略爆撃の思想　ゲルニカ―重慶―広島への軌跡』朝日新聞社、一九八八年、五四頁。
(26)爆弾投下方法について、中川雅洋『中国的天空―沈黙の航空戦史』上（大日本絵画、二〇〇七年）には、以下の記述がある。すなわち、「瀋陽を足場として周辺に侵攻する日本軍には、実は爆撃機がなかった。周水子経由で飛来した八八式の偵察機はほんとうの純粋な偵察機で爆弾架がなかったのである。そこで、鹵獲した東北軍のポテーズ25軽爆が使用され、八八式にも大急ぎで応急の爆弾架をとりつける作業が現地で行われた」（七〇頁）とある。爆弾架（兵装架）であれば「切り離し」による投下が可能だが、平田の証言では「放り出し」とあるので中川の記述とは矛盾する。
(27) 前掲『時局解説書第一編　満州事変の経過と現状』二〇頁。
(28) 片倉衷『戦陣随録』経済往来社、一九七二年、六三〜六四頁。
(29) 片倉衷「満州事変機密政略日誌」(『現代史資料(7)　満州事変』所収、みすず書房、一九六四年、二〇五頁)。
(30) 防衛省防衛研究所戦史部図書館蔵『満州事変作戦指導関係綴　其の一　昭和六年九月一九日〜六年一〇月三一日　陸軍一般史料』(JACAR：C12120005400)。
(31) 同右、画像頁〇四二五〜〇四二六。
(32) 外務省日本外交文書デジタルコレクション『満州事変　事項五　錦州周辺の情勢と日本の錦州占領』第一巻第二冊、一六五頁。
(33) 同右。
(34) 防衛庁防衛研修所編『満州方面陸軍航空作戦』(『戦史叢書』)朝雲新聞社、一九七二年、二三頁。
(35) 森井大輔「満州事変(錦州爆撃)と対外宣伝について　柳条湖事件以降の国際世論の変化(一／二)」(航空自衛隊幹部学校幹部会編『鵬友』第四一巻第五号、二〇一六年一月、七二頁)。
(36) 袁成毅「日军空袭锦州与国际社会反响再探讨」(『民国档案』二〇一四年第四期、一〇一頁)。
(37) 前掲、張桂芝「日軍無差別爆撃中国一城」、一八五頁。
(38) 外務省外交史料館蔵『錦州爆撃ノ際死去セル白露人「ゴルブツォーフ」関係』昭和六年一〇月一三日〜昭和七年三月九日(JACAR：B02030247900、画像頁〇四〇二)。
(39) 同右、画像頁〇四一五。
(40) 外務省外交史料館蔵『満州ニ於ケル我軍行動ニ伴フ第三国人被害ニ対スル慰籍問題』(JACAR：B13081228200、画像頁四一一二)。

(41) 以上については、稲葉正夫・小林竜夫・島田俊彦編・解説『現代史資料(11) 続・満州事変』(みすず書房、一九六五年)三四六頁を参照。
(42) 村松秀逸『三宅坂—軍閥は何をしていたか』東光書房、一九五二年、四四頁。
(43) 同右、四五頁。
(44) 同右、一八四頁。
(45) 同右。九月二四日にも錦州爆撃が行われたことについては、牛广臣『錦州通史』(辽宁民族出版社、二〇一〇年)にも、日本語訳にすると「一九三一年九月二四日、日本軍飛行機三機、錦州に飛来。偵察と爆撃で爆死一人」(一九八頁)との記述がある。
(46) 『叻報』は、マラッカの華人シー・イウレイ(See Ewe Lay/薛有礼)が創刊した政治や時事情報、事件を伝える情報紙。同紙については、篠崎香織「一九五〇—六〇年代のシンガポールにおける華語文芸世界とマレー語文芸世界との交差」(京都大学学術情報リポジトリ『KURENAI』、二〇二〇年三月、六二頁)、支婧茹「東南亜華文報紙的出現—以新加坡『叻報』為例」(『今伝媒』二〇一二年第一〇期)等参照。なお、『叻報』の記事は、「抗日战争与近代中日关系文献数据平台(抗日戦争文献データベース)」(https://www.modernhistory.org.cn/#/)から検索。
(47) 前掲『満州事変』第一巻第二冊、一六二頁。
(48) 同右、一六一~一六二頁。
(49) 以上、「昭和六年一〇月九日　三宅関東軍参謀長より二宮参謀次長宛　錦州方面飛行偵察の際撒布予定の宣伝文について」(同右、一六七~一六八頁)。
(50) 同右、一六二頁。
(51) 吉田曠二『元陸軍中将遠藤三郎の肖像—「満州事変」・上海事変・ノモンハン事件・重慶爆撃戦略』すずさわ書

店、二〇一二年、一二〇～一二一頁。

(52) 同右、一二一頁。

第三章　爆撃の衝撃——日本孤立の深淵——

第三章　爆撃の衝撃—日本孤立の深淵—

満州事変の勃発から錦州《チンチョウ》爆撃で沸騰点に達した日中対立は、両国の自衛論と侵略論のせめぎあいのなかで一段と激化していく。錦州爆撃は両国政府及び国民に如何に伝えられたのか。その伝えられ方にも焦点を当てつつ、一九三七（昭和一二）年七月七日の盧溝橋《ルーコウチアオ》事件に端を発する日中全面戦争への扉を大きく開くことにもなった錦州爆撃の様相を追う。

そこでは中国側の新聞を中心とするメディアが錦州爆撃にいかに大きな反応を示したかを紹介し、日本側メディアにおける歪んだ正当防衛論にも言及していく。同時に日本側の空爆正当論の不当性についてもふれていく。いわば熾烈な情報戦ともいえる日中双方の応酬のなかで、中国を含めて欧米諸国に与えた衝撃の大きさは、一九三〇年代以降における日本の孤立の深淵とも言えよう。

本章での時間軸は、錦州爆撃翌日の一九三一年一〇月九日から、日本軍が錦州市を軍事占領した一九三二年一月三日のおよそ一年間である。

1　日本国内への情報伝達

日本陸軍の公式記録

爆撃を行なった側の日本は、どのように被害状況を把握していたのだろうか。情報伝達のなかで、次第に細部の状況が明らかになる。

爆撃の実態については、様々な様子が伝えられているが、陸軍参謀本部が残している公式記録は、以下の通りである。

命中弾東大営二二個建築物に命中せるや否や明ならず。交通大学東北辺防軍司令部一〇個建築物には命中せず。爆撃を終るや「ポテー」機の編隊は其航続力の関係上大石橋《ダーシーチャオ》に著《〔ママ〕》〔着〕陸、燃料の補充したる後又八八式偵察機の編隊は直路各々奉天《フォンティエン》に向ひ帰還し、午後五時までに全機の著《〔ママ〕》〔着〕陸を完了せり[1]

中国側の記録と日本参謀本部の記録を比較しても大差は認められない。都市無差別爆撃であったことは確かだが、爆撃技術の低さと出動した軍用機数の制約から、爆撃による成果は決して大きなものではなかった。

実際の被害レベルでは、小規模な空爆ではあったが、問題となるのは、その後の関東軍の暴走ぶりであった。それは被害の程度に関わりなく、国際連盟などの国際機関や国際世論による空爆規制を完全に無視して空爆が強行されたことだった。国際社会に与えた衝撃は相当深刻なものであった。

日本政府の対応

錦州爆撃以前から繰り返されていた日本政府の一方的な自己弁護の声明に対し、中国政府は満州事変を「日本の侵略行為」として国際連盟に提訴する。日本軍の満鉄付属地への自発的撤収と、中国政府との直接交渉を主張する。一九三一（昭和六）年九月三〇日、日本軍の速やかな撤収を求めた勧告案が、すでに国際連盟の総会ではなく理事会で決議されていたのである。

そこでの決議内容は、撤収を求めた勧告に過ぎず、何ら日本への強制力を示すものではなかった。国際連盟の限界でもあったが、日本への宥和姿勢を示したのも同然と言える。同時に国際連盟は、日本政府が勧告に応じて、自主的に撤兵することを期待する。

だが、それから約一週間後に強行された錦州爆撃は、その期待を完全に裏切るものとなった。関東軍は、「軟弱外交」と批判する幣原《しではら》喜《き》重郎《じゅうろう》外相の協調外交路線を、錦州爆撃によって葬り去ろうとしたのである。

錦州爆撃が実行された翌日、関東軍の行動に日本政府は衝撃を受けつつも、以下の声明を発表する。一〇月九日の「中華民国の反日行為に関する帝国政府抗議書」である。それは、駐華公使重光《しげみつ》葵《まもる》から中国の国民政府へ申し入れされたものであった。

その冒頭には、「今次の満州事件は中国に於《お》ける多年の排日思想が我軍隊に対する挑発的態度となり、我軍に於て自衛措置を執りたるものなること帝国政府の夙《つと》に声明せる所にして、中国政府が此の事態に付き当然その責任に任ずべきものなること疑を容《い》れず」(2)とし、満州事変勃発の責任はひとえに中国政府にあるとの強弁をあえて行なっている。相変わらずの論法である。

治安妨害の策源地 錦州政府を覆滅

八日朝我飛行機三臺上空より 民衆にビラを撒布

わが飛行機三臺は八日朝錦州の上空に翔り錦州附近の民衆に對する注意を喚するビラを撒布し張學良の**錦州政府を治安妨害の策源地として承認せず**徹底的に反對する意味の強硬なる意思表示をなした

渾身これ野心滿腹、これ利慾、[illegible]張學良は東北民衆の民意既に去りこの根據を失ひ東北四省の反意あるに拘はらずまたその非を悟らずして錦州政府を樹立し大日本帝國軍隊の下に安住し在る地方にまでその陰謀を逞しうせんとす、天意に悖る横暴擁護と民衆擁護とに努力しつゝある日本軍は飽くまで張學良の錦州政府の政權を認めず**此處にこの根據を覆滅する目的を以て積極的行動に出づるの巳むなきに至る**市民それよく大日本帝國軍の恩威に對し飽くまで學良政府の樹立に反對しこれが成立を防止すべし、然らざる時は錦州政府はあくまで大日本帝國軍に反意あるものと認めて徹底的にこれを破壊せんとす熟考の上適法を講ぜよ

『満洲日報』1931年10月9日付

また、錦州爆撃についての日本政府の公式見解は、以下の内容であった。一〇月一〇日発表の「国際連盟理事会通牒及帝国政府回答」の文書である。

すなわち、「最近錦州に於て敗残

軍隊を糾合して満鉄沿線の治安を攪乱《かくらん》するの策動ありとの報に接し、之が偵察に赴きたる日本軍飛行機が中国軍隊の狙撃を受けたる結果、之に対抗して爆撃を行ひたる事実の如《ごと》き為に、新なる事態を現出したるものとする観測もなきに非《あら》ざる」(3)と記す。この記事には、かなり無理があることは明らかだ。治安の観点からすれば、確かに満鉄沿線地域では、関東軍の行動への反発が各地で起きていた。

このなかで、「満鉄沿線の治安を攪乱する」の件《くだり》は、いかにも強引な解釈づけである。満鉄沿線から遠く離れた錦州を、関東軍の行動範囲とする判断が同軍にあったからなのか。実際には、「満鉄沿線」から遠く離れた錦州を攻撃するために、敢えて「敗残軍隊を糾合」しているとの口実を用意したのである。

また、当該期満州地域で発行された日本語新聞『満洲日報』(一九三一年一〇月九日付)には、「治安を妨げる震源地　錦州政府を覆滅　八日朝我空軍の三機上空よりビラ撒布」の見出しから始まり、「数十発の爆弾を投下　錦州支那官公署と兵営に」とし、「錦州事件は自衛手段」とする見解を掲載していた(4)。

空爆報道

この関東軍の独走に対して国内からも賛否両論が飛び交うと思いきや、日本の多くのメディアが、錦州爆撃に踏み切った関東軍の動きに賛意を示す。例えば、『東京朝日新聞』(一九三一年一〇月九日付）が「錦州で爆弾投下　我飛行隊の積極行動　錦州政府を粉砕方針　反乱の策源地と看《み》なして」なる見出しで報道している。有力新聞の多くは、空爆を「積極行動」として評価し、中国側の姿勢を批判する記事で埋め尽くされた。

また、『大阪毎日新聞』（一九三一年一〇月一〇日付）は、「錦州爆撃は正当防衛だ　外相外交団に釈明」の記事を掲げ、幣原外相がリンドリー駐日イギリス大使などに、錦州爆撃は日本の正当防衛であることを主張した内容を報道していた。

このように各新聞の論調は、概ね錦州爆撃を肯定したうえで、国際世論を大きく刺激した衝撃的事件であることにふれつつも、関東軍の行動をあえて肯定する論説が支配的であった。他の例として、『神戸新聞』（一九三一年一〇月一一日付）の「錦州事件と国際関係　外交当局に望む」の論説の一部を引用する。

満洲事件に対する国論は、既に統一され絶対強硬の態度を以てわが正義を貫徹すべきは絮説《じょせつ》〔くどくど説明すること〕の要なく、従って、最近その勢力失墜に憂悶焦眉せる張学良《チャンチェリン》が、捨て鉢的の難局打開策として頻りにわが軍に反撃をし、敗残兵を使嗾《しそう》〔そそのかすこと〕して在留内鮮人に暴虐の限りを尽し、わが駐屯軍の軍事行動を起すに至れる根本的精神に反抗し来れる以上、これを黙認することは関東軍司令官の使命の許さざる所であって、これに最も効果的なる自省を促すためには、到底生温い外交的交渉の如きは間尺《ましゃく》〔損得を計算すること〕に合わず、軍自体の有効適切と認むる機宜の措置を講ずること極めて当然であると言わねばならぬ。

同論説では、続けて外務省と軍部との連携が上手く行われていない原因にふれ、関東軍の動きを警戒する外務省を批判する。「吾らは満洲事件勃発以来屢々《しばしば》外交当局と軍部の間における統制と連繋に甚だ遺憾の点多かりし事実を見ている。極めて最近に至り漸くこの点に両者の注意が喚起されては居るようであるが、而も尚お琴瑟《きんしつ》〔仲の良い事〕の相の和するが如く、打てば響く共同動作が完全に行われざるを遺憾とする」と。

更に、現地部隊の関東軍と参謀本部など軍部の行動を全面的に支持したうえで、「錦州事件の如きにしても、外交当局は軍部に対し、『列国の誤解を招くが如き行動なき様注意ありたき』旨の要望を為したと伝えられるが、斯《か》くの如き外交当局の因循不徹底なる態度こそ、往々にして我国の行動態度を誤解せしむる因を為しているのであって、軍はその使命に従い天下の公道を闊歩しつつあり、敢て誤解を受くべき謂われはないのである。誤解を招くと招かざるとは、挙げて外交当局の全責任に帰属するものである」とまで結論づけている。

当該期の新聞の論調の多くが、同記事に示されたような、軍部を支持する内容であった。こうしたメディアの姿勢が、軍部、とりわけ陸軍中央を勢いづかせたことも間違いない。

ところで、錦州爆撃の折に錦州市に投下したのは爆弾だけではなく、空爆の理由と正当性を訴える宣伝ビラも撒布していた。その内容は前章でも引用した「錦州方面飛行偵察の際撒布予定の宣伝文について」と題する電文にあるように、空爆の事実を認めつつ、「正義人道の擁護と民衆保護に専念」したとの宣伝に努め、空爆は「善良なる一般民衆に危害を加ふるものに非ず」とし、錦州市民はその点について理解するよう要請すらしている。(5)

このことは国際社会に与えた衝撃の大きさを関東軍が一定程度把握していた証拠ともいえようか。そこには国際連盟や国際社会からの批判を極力回避し、説明に意を用いる方針であったことを示している。しかし、宣伝ビラの内容も含め、関東軍の行動が中国政府だけでなく、国際連盟の理解をも得られることは最後までなかったと言って良い。

この宣伝ビラに対しても報道を行なったメディアがある。文明協会の『日本と世界』は、「わが軍の宣伝ビラ」と題し、「日本軍は錦州付近の市民に対して注意を喚起するため、正午わが飛行機上より『錦州市民に告げるの書』の宣伝ビラを撒布」したとする記事を掲載している。(6)おそらく宣伝ビラの形式で、日本国内向けのアピールとして作文されたものであろう。

『大阪朝日新聞』は、「錦州爆撃で首相、外相重要会見、軍部に警告要望」との見出しで以下の記事を掲載している。

幣原外相は、九日午前九時官邸に若槻《わかつき》〔礼次郎《れいじろう》〕首相を訪問し、満州派遣軍の錦州爆撃事件を報告したる後、我が飛行機上から撒布したるビラは穏当を欠く嫌いがあるので、特にこの点につき南《みなみ》〔次郎《じろう》〕陸相の反省を求めたい。殊《こと》に国際連盟の理事会は、再び十四日から開かれることになっているから、出先軍憲がその後に誤解なきよう務むべきものである、と軍部側に注意を促することを要望した(7)。

『大阪朝日新聞』の報道は、「錦州爆撃は自衛上正当措置」(8)とするような報道がほとんどであったなかで、これは陸相に反省を促す異色の記事といえる。ただ、陸軍当局の発表のなかには宣伝ビラ撒布を否定する内容もみられた。賛否の違いはあったとしても複数有力紙が報道していることは無視できない。比較的に穏当かつ合理的な見解を掲載した『大阪朝日新聞』にしても、「錦州爆撃の真因は支那の狙撃」(一九三一年一〇月一三日付)とする強硬意見を掲載していたのである。

また、錦州爆撃に関する外国メディアの報道に強い関心を示す記事もあった。同じ『大阪朝日新聞』は、ロンドン特電として、「英仏の錦州爆撃評」と題する以下の記事を掲載していた。

錦州爆撃は日本軍隊の感情の如何なるものであるかを示すものであり、日本の世論もまた同じくかかる感情を抱いていることに注目しなければならない。常識に従えば、日本軍の行動はよほど計画的なものだ。最近の軍部は日本政府の訓令ありと否とに拘わらず、まさに戦争を意味する。(9)

これは欧米諸国に共通する日本の錦州爆撃への受け止め方であったのであろう。同記事には「常識からすれば戦争状態だ」とする認識を記事にすることで、日本への警戒心を赤裸々に表明していたのである。

ただ、非常に稀なケースとして、錦州爆撃前ではあるが、法学者で東京帝国大学の教授を務め、戦後には最高裁長官などを歴任した横田喜三郎《よこたきさぶろう》が、「六年〔一九三一年〕一〇月五日 自衛権行使に疑問」と題し、「軍部は最初から全く自衛のために止むを得ない行為であると主張した。しかし、厳正に公平に見て果たして軍部一切の行動が自衛権として説明され得るであろうか」[10]との疑問を呈した記事が掲載されたことがあった（『東京朝日新聞』一九三一年一〇月一二日付）。自衛権行使の限界性を説きつつ、関東軍の自衛権逸脱を論じたのである。その結果、横田は軍部から睨まれることになる。

注目しておきたいことは日本の一部新聞ではあったが、錦州爆撃によって勢いを増す対中国敵視論を緩和し、中国に戦争を仕掛けている日本軍部への批判姿勢を保持していたメディアの存在である。そこでは中国の対日姿勢を批判しながらも、国際世論の存在と国際連盟の役割に一定の期待を暗に示していたメディアの健全性を汲み取ることも可能であろう。しかしながら、錦州爆撃後には、こうしたトーンの記事はますます見られなくなっていく。

中国メディアの報道

これに対し、中国側の報道はどうであったか。まずは北京《ペイジン》で発行されていた『華北日報』[11]から

日軍鮮匪又聯合刧車
日飛機大舉襲擊錦縣
飛機十六架擲彈三十六枚
死商民十六人傷者無算
日軍接濟蒙匪擾亂洮南

【本報特訊】新民附近六河溝地方，爲我軍退讓，日軍徙佔地帶，該地有一小橋，地勢較爲險要，日軍與胡匪混爲一團，北寗車每過當地，時有戒心，前晚六時許，北寗車開過該地時，突有奇裝異服，亂操日語之匪徒約百餘人，開槍横阻客車，自列車兩端，實行搶刧，車旁預置大車六輛，騾馬四十餘頭，將由瀋逃難之旅客，盡行搶掠，日軍置之不理，我軍護路隊鐵甲車，聞訊趕至，互戰約二小時，匪徒始傾囊倒篋，車裝馬載而去，旅客財物被刧一空，更有數人稍受輕傷，若日軍常此庇匪殃民，破壞交通，我東北千萬難民之一綫生機，從此横斷矣。

又昨日（八日）下午錦州來電報告，日軍用飛機十六架，午後一時餘，由營口飛來錦州，盤繞空中，向城内四處擲彈示威，至三時尚未離去，傷亡頗巨。

據皋姑屯電訊，（一）十月八日下午三時五分據錦縣報稱，本日下午一時二十分，日本飛機十六架，由營口來錦，擲炸彈三十六枚，落於車站及交通大學附近一帶，傷人數目未詳，長途電綫亦被炸斷，現正修理中，（二）在新民公主屯鎮地方，今早有日飛機五架，傷華民三人，我方交涉員質問日領，答以剿匪爲名，復聞有砲聲，在鎮之東北方面，想係擾亂，（三）自瀋陽事變發生後，延琿和汪四縣均有日軍，多者五六百，少者一二十不等，並任意毁我延暉電線，四鄉韓民，持草墊溝，爲日軍修道，以利行軍，圖門江沿上三峯地方，駐有日軍約四千餘人，會寗滿地駐兵帳棚，兵數不詳。

時聞社錦州八日下午五時電，日飛機到錦投彈，炸斃商民十六人，傷者無算，内中有錦州交通大學教授俄人一名，肢體炸碎，慘不忍睹，名未詳。

時聞社新民八日下午五時電，新民巨流河間昨晚又被土匪刧車，搜索一空，據乘客抵津談稱，其中確有朝鮮人在内。

【山海關八日上午七時三十分正開社電】瀋市城内秩序漸恢復，鐵軌電車照常開駛，僅汽車往來於日站至大小東邊門内，售票載客，但四關入夜則發生搶案，多鮮人所爲，日軍不過問，瀋陽商會日軍，陽（七日）撤去，商會照常辦公，瀋商團已成立，總辦爲王桐軒，會辦李耀堂，瀋陽各大商店，在日軍強迫下，均已開市，各官有營業，完全查封，由日軍看守。

時聞社據洮南電訊，日軍運來軍械一車，兵士三十餘人，聞係接濟蒙匪，攪亂治安云。

據某方面消息，七日晨内蒙軍隊二千餘，得日方接濟餉彈，進佔洮南，尚有蒙軍五千，在内蒙各盟集合候令出發，内蒙郭爾羅斯各盟王公宣言獨立，日本政府計劃置滿蒙總督，有内定本莊繁充任說，東北民衆救國會，昨分函熙洽趙欣伯，警告從速中止叛國的獨立運動，勿再喪心病狂，爲日本充漢奸。

『華北日報』（1931年10月9日付）

追ってみたい。同紙は、錦州爆撃の翌日の一〇月九日付で、「日軍鮮匪又聯合刧車 日飛機大舉襲擊錦縣 飛機十六架擲彈三十六枚 死商民十六人傷者無算 日軍接濟蒙匪擾亂洮南（日本軍と朝鮮匪賊再び連合し、客車を止め襲撃。日本軍機大挙して錦州を襲撃。飛行機は一六機、三六発の爆弾を投下。一六名が死亡し、重軽傷者は数え切れない。洮南《タオナン》を攪乱する蒙古匪賊は日本軍が支援している）」の大見出しで速報を打った[12]。

同紙は、翌一〇日にも「東亜大局危如纍卵 日機炸錦州國聯異常驚駭 日政府已失控制軍人能力 國聯行政院十四日開會已發通知（東亜の情勢、累卵《るいらん》の如き危うし。日本の飛行機が錦州を爆撃、国連は非常に驚いた。日本政府は軍人の統制が不能に陥っている。国際連盟理事会が一四日に開催予定で、開催通知はすでに済んでいる）」と大々的に爆撃の様子を伝えている。

同紙は、こうした内容の記事を以後、一週間余り連日詳しく報道した。中国東北地域住民にとっては、一連の関東軍の動きが大きな関心を引いていたのである。中国のメディアは、人々の反応を伝えるため取材報道に懸命であった。中国国内での錦州爆撃への猛烈な反発と抗議の声を逐次紙面に反映させていたのである。『華北日報』だけを挙げてみても、事件発生の翌日から日本を糾弾する紙面が続いた(13)。中国側の怒りは、直ちに国際連盟の提訴となって国際機関に訴える方法が採られていく。

さらに同紙は、日本政府が表向き事件の鎮静化を図る意向を示す一方で、関東軍の行動を制御できなくなっている事実を指摘する。中国だけが指摘しているわけではないが、政府と軍部との拮抗ぶりから、日本には「二つの政府」(14)があると評される。日本の政軍関係の実態が、見透かされていたのである。

更に別の例として、現在瀋陽で発行されている二〇一四年九月二三日付の『辽宁日报（遼寧日報）』（辽宁日报社刊）に、「警鐘を鳴らさねばならず、国の恥を忘れるべからず」という記事が掲載された。その中で錦州市東北抗日義勇軍研究会副会長の張兵《ヂァンビン》は、一九三一年一〇月二五日に刊行された『中報図画週刊』という資料を提示し、「日本軍が錦州を爆撃した様子を明らかにした」とする記事を紹介する。その『中報図画週刊』には、以下のことが記されたとする。掲載内容を翻訳紹介しておきたい。同誌の宋宇晟《ソンユチュン》及び本社記者王旭《ワンシィー》と遼旭《リャンシィー》の署名入りの記事である(15)。

日本政府は撤兵すると言いながら、戦争行為を続けている。一〇月八日、飛行隊を出撃させ、錦州の至るところに爆弾を投下し、機銃掃射も行われた。共有地、私有地とも破壊され、中国人及び外国人の多くが死傷した。蓋《けだ》し日本人が東北三省を長期間占領するという計画を有し、遼寧《リアオニン》臨時省政府を駆逐し、関外を直接管轄する野心を抱いている。連日、飛行機及び軍艦を派遣し、我が国の沿海各地で示威活動を行っている。公理人道の片鱗もない。上記の図から、日本軍の暴行が垣間見える。吾人は奮闘して自衛しなければ、身を葬る場所もなくなる。

錦州爆撃への激しい憤りが「公理人道の片鱗もない」の強い言葉に示されている。抗日意欲がまた、前章でも紹介した『吻報《ルウーバアオ》』は、満州事変勃発以降、特に事変関連の記事を集中的に掲載している。紙面で関東軍の動きを逐一反映させていたのである。
「吾人は奮闘して自衛しなければ、身を葬る場所もなくなる」の結びで遺憾なく括られる。

西北大学（中国西安市）の黄鈺涵《ファンユーハァン》の研究によれば、「九一八事変」関係の記事が四四三〇編あり、原稿数の三八・三％を占めるという調査結果を発表している。[16] すなわち、満州事変の起きた一九三一年九月から錦州が陥落した翌年三月までの半年間に記事全体の四割近くが満州事変関連の記事で埋められたとしているのである。それだけ中国メディアの満州事変への関心が強く、日本の侵略行動に深い憤りを抱いていたことが知れる。確かに『吻報』は強力な取材陣を抱えているのと同時に、広範なネットワーク形成しており、こうした優位性を遺憾なく発揮して満州事変以後における中国の国内事情を詳細に世界に向けて発信していた[17]。
中国は、内外メディアを用いて徹底して報道したことにより、満州事変から錦州爆撃に至るまでの情勢を、中国国内だけでなく海外にも発信し続けていた。それが国際世論における日本批判の動きに拍車をかけていた。国際世論は日本に厳しい視線を送るなか、日本軍は錦州爆撃以後も、上海《シャンハイ》爆撃など大都市に向けて空爆実施を連続して実施していく。

上："The North-China Herald" 紙の題字
下：錦州爆撃直後に掲載された風刺漫画
（1931年10月13日付）

ここで、上海で発行されていた英字新聞"The North-China Herald（字林星期周刊）"（一九三一年一〇月一三日付）に掲載された一枚の風刺漫画を見て頂こう[18]。そこには錦州爆撃以降、上海など中国各地の主要都市に空爆を続ける日本機への批判を込めて風刺漫画が掲載されている。記事中には手から直接爆弾を投下している様子が描かれている。恐らく錦州爆撃もこのような手法で空爆が実行されたのであろう。

日本メディアの反応

ここで視点を再び日本に戻す。時間を少し先に進め国際連盟の反応や、中国メディアの報道ぶりを受けて日本のメディアや出版界の反応は、どのようなものであったのかをみてみよう。

様々な出版物を通じて日本の各種団体は、関東軍の行動を擁護、支持した。また国際連盟や中国への非難キャンペーンが展開されていく。その代表事例として、大阪対支経済連盟が編んだ『暴戻なる支那』の一部を書き出しておく。

> 去る十月八日、我が陸軍飛行機が錦州に於て不逞の策動をなしつつある支那軍隊より射撃を受けたるに対し、自衛上爆弾を投下したる所謂錦州事件の如きは日本軍の措置全く正当にして、全然論議の余地なきものであるに拘らず、支那政府は之をも尚曲論して国際連盟理事会に提出し自国のため有利な解決を得ようとしているのであるが、それは結局世の顰蹙《ひんしゅく》を買ふに過ぎないものである。[19]

大阪対支経済連盟は、この他にも『満蒙の我権益』（大阪毎日新聞社、一九三二年刊）、『支那ニ於ケル排日排貨事情』（同、一九三一年）、『サ連邦《〔ママ〕》と支那満州の共産運動』（新光社、一九三四年）、『対日ボイコット摘録』（同、一九三二年）など出版しているが、基本的に同じトーンで反中国の急先鋒役を買って出ていた。

さらには、学者や政府要人たちも出版物を通して関東軍擁護論を繰り返していた。例えば、貴族院議員で第一次若槻礼次郎内閣の法制局長官も務めた法学博士山川端夫《やまかわただお》は、『日支時局と国際連盟』（国際連盟協会、一九三二年）の「錦州爆撃投下」の見出しで、以下のように記している。

それが十月の初旬になると、支那の敗残兵が西方に大分集団して、張学良派が錦州で仮政府を造る画策をして居ると云《い》ふ噂が伝はつた。十月八日に日本飛行隊一隊が錦州へ偵察に行くと、下から小銃で撃つたから、上から爆弾を投じたと云ふ事件が起つたのである。

之は後から調べて見ると極めて軽微な事件である。即ち飛行機十二台が向ふへ行つて、さうして錦州政権の根拠地として居る所を飛んだ時に、下から銃砲を撃つたから爆弾を投じた、其の爆弾の効果も余り大した事ではなかつた、極軽い事件である。併し錦州に於ける爆弾投下と云ふ電報が欧羅巴《ヨーロッパ》に行くと連盟其他を非常に驚かしたやうである。(20)

山川のような政府関係者でさえ、この程度の認識しか持ち得なかった。時局認識に全く緊張感を欠落させた記述ぶりは、錦州爆撃をあえて問題視しないためのプロパガンダの一種とも思えてしまう。だが、軍事情報という性格も手伝い、山川にも正確な事実が十分に伝わっていなかったとも推測される。

このように正確さと合理的な判断を欠いた内容ではあったが、満州事変や錦州爆撃については在外邦人にも邦字新聞などを通して伝えられていた。なかでもサンフランシスコで発行されていた『新世界』（一九三一年一〇月二三日付 第一三〇三三号）では、「錦州爆撃事件は不法行為でない」との見出しで、英米記者団の現地調査意見を報道している[21]。

同紙では、冒頭で国際連盟の動きを批判し、「事変処理を持て余し弥縫策に陥つ 日支両国間で解決策を見出せ」と記し、満州事変の解決に国際連盟が介入することを暗に否定する姿勢を打ち出す。これも日本政府や陸軍中央の基本姿勢に呼応した内容であった。

この他にも錦州爆撃の記録や伝聞が、少なからず出版されている。錦州爆撃の正当性を訴え、誇張した内容がほとんどであり、必ずしも正確な記述でない部分もある。だが、こうした出版物が国内世論を少なからず刺激し、関東軍の行動への支持や高揚感を煽ったことは間違いない。

また、こうした出版物の中には、現地関東軍と陸軍中央、とりわけ参謀本部が、錦州爆撃の事実をどのような経緯で知ることになったのかも記述しているものもある。その典型事例として、佐藤《さとう》庸也《つねなり》の『活機戦 第一部（満州事変）』を見ておこう。佐藤は陸軍大佐（陸軍士官学校第一二期）の軍歴を持つ。

錦州爆撃は青天の霹靂、迅雷厚で掩《おお》ふに遑《いとま》なかった。支那は驚き、連盟は怒り、我政府当局も聊《いささ》か唖然たるものがあった。しかし、遼西地域殊に錦州政府の策動に対し、関東軍司令官の策動に依り十月六日より我独立飛行隊が捜索並偵察の任務に服し、七日奉天西北約五十粁《キロメートル》の蛇山子《シェーサンシー》付近に於《おい》て、支那軍の猛射を受けたるため、之に報復的爆撃を加え、我が飛行隊と遼西に於ける支那軍との間に火蓋が切られたのであって、彼我敵対行動の報告は必ずや我軍部に到達し、我が外務当局も亦《また》之を知り、問題惹起に懸念を禁じ得なかったであろう(22)

同書には、東大営に約七〇発、錦州交通大学東北北辺防軍司令部に約一〇発を投下し、その結果兵営に二二発、大学構内に一〇発の命中弾を与えたと記す。また、錦州爆撃を七日としている。また、独立飛行隊が一〇月六日から捜索並偵察行動を開始していたと記す(23)。この記述の信憑性は、管見の限り確認できない。だが、八日の二日前から事前の偵察行動に入っていたとの予測はできる。地上における敵地情勢の把握と並行して、爆撃効果を上げるために事前の空中偵察は十分にあり得る。その意味で、この記述は間違いない情報であろう。

いずれにしても、錦州爆撃が関東軍によって密かに計画され、実行されたことは、日本国内にも深刻な衝撃を与えたことが知れる。

他にも錦州爆撃の様子を伝える伝記や回想録の類は数多存在する。錦州爆撃が実行されてから日本の出版界では、満州事変の一コマとして錦州爆撃を積極的に取り上げ、多くの読者の関心を呼んだ。

例えば、一九三一年に出版された村田正治《むらたまさはる》『満蒙と日本の将来』の「第六章　満州事変の経過 二、錦州爆撃事件」には、以下の記述がある。

すなわち、「満州軍司令部発表の広報に依れば、飛行機一一機にして錦州市街及北寧鉄道線路上は之を避け、威嚇の目的を以て七十個の爆弾を投下したるものにして、交戦団体関係の建物は何等損害を与えざりしものなり」(24)とあり、事件を肯定的に伝える。これに加えて、「他方支那紙の報道に依れば、遼寧省臨時政府を設置せる交通大学に二十余弾命中し、政府主席米春霖《ミチユンリン》氏生死不明、大学教授ロシア人一名惨死したり」(25)と、空爆の結果についてもふれている。なお、村田は同書冒頭の中村馨麻布連隊区司令官の紹介によれば、「連隊区将校団代々幡《よよはた》（東京府豊多摩郡）分団長」となっている。

事件以後、これが日本国内にもたらされたごく平均的な事件情報であった。情報源は満州軍司令部となっており、一通りの事実が記載されている。

また、官民一体により設立された社会教育協会の機関誌である『社会教育パンフレット』（第一三九号、一九三二年）の「錦州爆撃事件と理事会」の項には、以後軍当局がメディア向けに放ったお決まりの説明が記されている。

すなわち、「殊《こと》に支那の方では錦州に軍隊を集中して、我が軍を撃退するといふやなる情報もあり、それがために我が軍は偵察飛行機を錦州に派遣したところ、却《かえ》つて支那軍よりの攻撃に遭ひ、已《や》むを得ず爆弾を投下したのが十月の八日であります」(26)とある。関東軍側が発信する錦州爆撃の正当性を訴える主張の繰り返しに過ぎないが、爆撃の様相を伝える公式見解として定着していく。

関東軍の反発

以上で引用した出版物は、大方が関東軍の行動を支持する内容であった。それでも陸軍中央や外務省は、国際連盟を中心とする厳しい国際社会の批判に対応せざるを得なかった。とりわけ外務省は、国際連盟の動きを注視しつつ、関東軍及び日本政府の反論を踏まえながらも、国際連盟の日本批判への対応に苦慮することになる。

外務省の対応は改めて後述するが、ここでは先に関東軍が錦州爆撃に対する国際社会の批判に如何に対応しようとしていたのかを見てみたい。

そのことを知る手がかりとして、関東軍参謀部が一九三一年一〇月二九日にまとめた「日本は東三省治安維持の目的達成上現情より一歩も退くことを得ざる明証」とする、やや長い題名の文書を見てみよう。その冒頭部分は、以下の内容であった。

事変発生後僅少をもってする日本軍の活動により南満主要交通線に沿ふ狭小地域の治安は維持せられつつあるが、敗残兵の横行匪化せる官兵の土匪と拘合《こうごう》して猖獗《しょうけつ》勢情は、日を経るに従ひ猛烈となりつつあり加之《しかのみならず》時日の遷延に伴ひ、旧軍権利たる北平張学良の指揮に属する便衣隊宣伝隊等は、事変発生後間もなく数次に亘《わた》り、南満主要地点に潜入し来り計画的組織の下に叙上の兵匪、匪賊を統合して日本軍により維持せられある地方の治安を破壊せむと企画しつつあり(27)

ここでも関東軍は、張学良による治安の破壊を口実にする弁明を繰り返す。同文書のなかで作成日以前の「一〇月八日」の日付を付した記録には、日中開戦の危険性が迫っているとの臨場感を強調するために、具体的な紛争地域名まで記し、関東軍の行動が不可避あったことを繰り返し強調する。以下、その一部を書き出しておこう。

1．錦州方面の兵力増加と共に日支開戦の謡言《ようげん》盛に行はれ為に皇姑屯《ホワンクートウン》〔瀋陽市郊外皇姑区〕方面は人心益々動揺す

2．鷲鷺樹《ツルスウ》〔四平街、昌図中間〕付近の兵匪猖獗を極め鮮農の被害甚しく、我軍南北より之を挟撃し飛行機の攻撃と相俟《あいま》ちて敵を四散せしめたり(28)

関東軍の軍事行動は、勢いを増す「兵匪」討伐の一環であり、その延長として錦州爆撃が敢行されたとする。「兵匪」が日本の利権を侵し、在満洲日本人に危害を与えている現状を打破するための行為とする自己正当論を展開する。これまで本書で幾度なく引用してきた物言いである。

ここで強調されていることは、錦州爆撃が地上部隊と連動して敢行されたとしていることである。同文書の最後には、「以上の如く東三省は日本軍の存在によりて、辛ふじて官匪と兵匪と土匪との跳梁を局地的に防止しある情況」(29)だとし、張学良の命令を受けた勢力が、治安を混乱させていると断定する。この爆撃理由が、どこまで実態に見合うものであったかは、歴史の証明するところである。

情報伝達の担い手たち

ところで、錦州爆撃は如何にして陸軍中央及び政府に伝えられたのか。あらためて確認しておきたい。この点では、中国駐在外交官が比較的に客観的な数値も含め、本国外務省に次々と打電している。ただ、投下された爆弾の個数については、若干記録に違いある。

例えば、対支功労者伝記編纂会編『対支回顧録 続 上巻』には、「約四十個の爆弾を投下し、錦州軍民を威嚇した。所謂錦州事件といわれるものであって、我が軍の錦州空爆事件として支那の誇大な宣伝が、折柄、開会中の国際連盟の大問題となり、徒《いたず》らに対日悪感情を挑発したものである」(30)とある。

また、戦前のジャーナリストで戦後にＮＨＫ会長を務めた前田義徳《まえだよしのり》の『東洋モンロー主義―最近の日満支諸問題』には、「錦州事件起こる」の件で、「兵営に向けて七十発」と記し、さらに「軍の自衛上行われた爆弾投下は、然し連盟や米国に非常なショックを与えずには置かなかった」(31)と記している。

さらに出撃した機数については、諸史料間で違いが若干存在する。

錦州爆撃の翌日である一〇月九日、在北平矢野真《やのまこと》参事官より緊急事態として幣原外務大臣に宛て「錦州爆撃被害に関する北平諸新聞報道について」という電報が発信されている。そこには「日本飛行機一二台錦州に飛来爆弾三十六個を投下したる趣に付不取敢《とりあえず》通知する旨電話あり、尚本件に関し、九日の各紙は日軍飛行機十六台錦州襲撃爆弾三十六発を投下し、死者十六名、負傷者無数を出したるが省政府主席米春霖及委員張振鷺《チャンヂエンルゥー》は、生死不明にて、又交通大学露人教授一名惨死せる旨報道し居りたり」(32)とある。

被害実態は、前出の『華北日報』(一九三一年一〇月九日付)の報道内容と死者数は一致している。この時点で張学良らは、既に錦州に入っていた黄顯聲《ホンシュエション》等と対応を協議するため会談を行なっていた。つまり、張学良政権の主要な幹部達が、九月二八日の時点で錦州に集結しており、この動きを察知していた関東軍が政権幹部を空爆によって排除しようとしたのである。

爆撃の出動機数については、一一機が正確だが、ここでは一二台(機)とか一六台(機)としている上に、投下爆弾数を三六個としている。投下爆弾数について関東軍の発表を優先的に評価するしかないが、数字の算定は容易ではないことは明らかである。

関東軍から陸軍中央にも、以下の形式と内容で情報伝達が行われた。一例として、関東軍参謀長及び関東軍司令官により作成された「満洲事変作戦指導関係綴」から追ってみよう。

一〇月九日付の文書には、冒頭で「一　本朝新聞に錦州爆撃の記事あり」とし、第一報が早々新聞で報道されたとする。続いて爆撃が行われた状況報告が綴られる[33]。

すなわち、「二　関東軍より錦州付近には敵の敗残兵終結しつつありて、双陽西豊付近部隊と呼応して我軍を挟撃する如く企画しあるを以て、錦州に対し積極行動に出づるやも知れずとの通報、続いて錦州上空我が飛行機の飛行中地上射撃受け之に応戦して同地を爆撃せる旨並爆撃状況の通報あり」[34]と。

これより先、関東軍参謀長は、爆撃当日、一〇月八日午後六時三〇分に参謀総長宛により詳細な報告電報を打電していた（到着は翌日の一〇月九日午前三時三〇分）。ただし、この報告電報には、錦州爆撃についてはふれられていない。

続いて、一〇月八日午後七時二〇分に発出され、午後一〇時二〇分に到着した「極秘　軍機至急陸同文」と題された関東軍司令官が参謀総長に宛てた電文がある[35]。そこに記された「満洲事変作戦指導関係綴」には、「錦州爆撃の真相」として以下の記述がある。

電文は一九三一（昭和六）年一〇月一一日付で関東軍参謀長より参謀次長宛てである。電報発出日時は、爆撃から二日後の一〇月一〇日午後六時、着電は午後七時五〇分となっている。

まず冒頭で「錦州付近爆撃の已《や》むなきに至りし経緯に就きては、其都度電報せる」[36]とする。他の史料でも繰り返し強調されているように、錦州には張学良、張作相の政権が移動してきており、王《ワン》以哲《イージェ》軍が錦州付近に集結し、関東軍部隊を挟撃する姿勢を見せていた。それで、やむを得ず飛行隊による爆撃を敢行したとする。そこから自衛論が用意されることになる。

それは関東軍飛行隊が錦州爆撃を強行した理由として、以後も繰り返されることになる。同電文には、「三、本攻撃の為使用せる飛行機数は、十一機にして投下爆弾数は七十五発なるか、次の如く命中せるものの如し。第二十八師兵営七、砲兵営五、交通大学一〇、張作霖邸宅不発。而して交通大学を目標の一つとせるは、同校が辺防軍長官公署となりしに依るものなり」[37]と記載されている。

ただし、錦州爆撃に代表される関東軍の行動は、陸軍中央に警戒感を強める結果となった。陸軍中央は、関東軍が錦州までを爆撃の対象地とすることを予測していなかったようだ。これを機会に陸軍中央は、関東軍の統制に動いていく。

錦州爆撃が国際社会からどのような反発を受けたかについて、現地の日本外交官たちは、非常に神経を使わざるを得なかった。

例えば前章でもみたロシア人の死者について、「錦州爆撃が世界の与論を刺激せる関係もあり、連盟調査団渡満前「ゴ」未亡人に相当の見舞金を与へ結果を付け置く方我方の公正なる態度を示すか為にも得策なり、との協議の結果哈爾賓《ハーアルピン》特務機関より金五千円立替支出」[38]したと記録している。

また、外交官側は、欧米諸国を中心に外国の報道内容にも、深く注意を払っていたようである。なぜならば、関東軍の一連の軍事行動には、すでに多くの批判を受けており、さらに錦州爆撃が拍車をかける事態を十分に予測できたからである。

例えば、一〇月九日、在上海村井倉松《むらいくらまつ》総領事より幣原外務大臣宛（電報）「錦州爆撃に関するロイター通信の報道ぶりについて」は、海外の報道機関の報道の様子を、以下のように伝えている。

日本飛行隊の錦州爆撃は九月十九日後以来の驚異的事件なり、北平鉄路局の「トムソン」より張学良宛来電に依れば、十二台より成る日軍飛行隊は八日午後一時過ぎより、一時間十五分に亘《わた》り錦州を爆撃し、爆弾三十六個を投下せるが、其攻撃目的物は錦州交通大学内の遼寧省臨時政府弁公処なり(39)

電報の情報が混乱しているようだが、管見の限り、爆弾数の最小数は三〇個台から、最大数は八〇個である。最小数と最大数とでは五〇個前後の開きがある。爆弾投下数の差は置いておくにしても、錦州爆撃を「驚異的事件」とする受け止め方が綴られているのが読みとれる。

現地駐在の外交官からの被害者数の報告は、時間の経過と共に若干増え始める。爆撃二日後の一〇日、同じく在上海村井総領事より幣原外務大臣宛（電報）で「錦州爆撃に関するロイター通信、デイリー・ニュース紙の論調について」と題して外国特派員が入手した数値について、「日本飛行隊爆撃の結果死者十六名（大部分は鉄道工人）、負傷者九名（中に交通大学露人教授夫人一名を含む）」(40)と伝えている。

さらに、同月一五日には、在牛荘《ニューチャン》（営口《インコウ》、現在の海城市《カイチョン》）の荒川領事より幣原外務大臣宛（電報）の「日本軍飛行機の錦州爆撃による被害について」が送信されている。そこには、「十月八日午後一時三十分日本飛行機錦州に飛来し爆弾を投下せる処、北寧鉄路機関庫に八、九発、市街埋髪店に一発交通大学に数発命中し、死者五名負傷者十六名外に外人一名重傷間も無く死亡せり」(41)とある。爆弾投下先を極めて詳細に記してある。

日本の駐在外交官により、外国報道を参照して日本本国に錦州爆撃による中国側の被害状況が伝えられている。同時に、アメリカ、イギリスを中心に外国メディアが錦州爆撃に強い関心を示していたことを逐次本国に伝えている。外務省サイドは、国際社会の反応をキャッチすることに注力していた。

本節では爆撃情報として、幾つかの現地報告を重ねて引用した。外国メディアの情報をも含め、本国に詳しく伝えているのは、それだけ衝撃が大きかった証拠である。同時に爆撃の実態からして、無差別爆撃の可能性を読み込んだうえで、それが国際社会のルールを大きく逸脱していることを外交官として深刻に受け止めていたからであろう。

関東軍と陸軍中央、日本政府と外務省、それぞれの思惑が交錯しながらも、総じて中国との関係は敵対化するばかりだった。交渉による和解への努力を怠るかのような日本は、国際社会で孤立が進む。錦州爆撃の正当性を主張するばかりの対応が、一層硬直した外交姿勢となり、軍事力行使による〝解決〟だけが残された道とするかの振る舞いが続く。こうした修復し難い乖離《かいり》が、両国の和解の機会を遠のかせ、六年後の日中全面衝突へのルートをほぼ確定してしまうかの状況へと追い込んでいく。

2 拡がる衝撃——無差別爆撃の実態——

高まる対中敵対意識

錦州爆撃において、非軍事目標が空爆目標とされ、少なからぬ死傷者が出たことは、情報が広まるに伴い、大きな衝撃となって国際社会に伝播していった。

当然ながら中国国内でも、日本への激しい批判と怒りが巻き起こる。対日批判が激化するにともない、日本政府や軍関係者、メディアや世論には、それに反比例するかのように中国への敵対意識が深まるばかりだった。日本の世論は、政府や軍部が繰り出す正当防衛論を鵜呑みにする傾向にあった。錦州爆撃は、日中双方の敵対意識を深め、嫌悪の感情を一層増幅させる契機となったのである。

その一方で、日本国内では国際社会との向き合い方を検討し、国際社会の特に第一次世界大戦以降、日本の対中国強硬外交に対する対日批判を緩和しようとする動きも満州事変前まで存在した。

その代表的な事例として、国際連盟協会の動きがあった。国際連盟が成立した折、国際平和への貢献が期待された国際連盟の役割を広く周知するため、渋沢栄一《しぶさわえいいち》をはじめとする民間の経営者や政治家・官僚を中心にこの協会が組織されたのである。成立当初は欧米との関係を重視し、日本の国際平和に果たすべく活発に活動していた。実際に、同協会の副会長を務めた山川端夫《やまかわただお》や石井菊次郎《いしいきくじろう》らは、「対外的に日本を擁護しつつ、国内に向けては国際連盟を擁護し、強硬論を諫めた」[42]とされる。

ところが満州事変を転機として、国際連盟協会の変質が顕在化する[43]。欧米諸国が日本の満州占領を推し進めていくことへの批判を強めるに従い、次第に国際連盟と距離を置くことになったためである。

国際連盟協会の機関誌『国際知識』には、「錦州爆撃事件」と題した評論が掲載されている。その一部分を引用してみたい。

十月八日、独立飛行隊第〇〔ママ〕中隊は長春《チャンチュン》より来援せる四機を加え十一機より成る編成飛行をもつて満鉄沿線に沿ひ南下、渤海《ぼっかい》沿岸より西北方に向ひ午後一時四十分錦州上空に偵察飛行を試みた。しかるに同方面の支那軍は突然わが飛行隊に向つて一斉射撃を浴びせ、猛烈に襲撃したのでわが飛行隊は直ちにこれを爆撃するに決し、錦州上空の南方より西北方に単縦陣を作って猛襲、歩兵、砲兵、工兵より成る混成師団の営兵に先ず爆弾を投下、次いで鉄道線路を横切って錦州政府を爆撃し一千メートルの上天より総数八十一個の爆弾を投下し相当の被害を与えた(44)。

穏健かつ合理的精神を根底に据えたスタンスを保持していたはずの国際連盟協会も、機関誌に関東軍が発出した爆撃模様をそのまま掲載しており、特段新しい情報が入っている訳ではない。むしろ国際連盟協会の変質ぶりを象徴するような内容になっている。

このように、比較的穏健かつバランスのとれていた雑誌であっても、欧米諸国のメディアが錦州爆撃を契機に日本批判を強めていたことへの反発からか、陸軍中央の主張をそのまま鵜呑みにした報道へと変質していった。

他には、国際連盟協会と同様なスタンスをとってきたはずの文明協会も、機関誌『日本と世界』で次のような評論を掲載する。

張学良は民意既に去り、その根拠を失ひ東北四省の反意あるにかかわらず、いまだその非を覚《さと》らず、錦州に遼寧省仮政府を樹立し、大日本帝国軍の治下に安住しつつある地方にまで陰謀をたくましうせんとす。正義に基き権益擁護と民衆擁護とに努力せる帝国軍は、あくまで張学良の錦州仮政府の政権を認めず、ここにその根拠を覆滅する目的をもつて、積極的行動に出づるの已むなきに至る(45)。

張学良政権への敵対意識を赤裸々に語り、記事末尾には「錦州は大日本帝国軍に反意あるものと認め、徹底的にこれを破壊せんとす。熟慮の上適法を講ぜよ」[46]とまで書き切る。日本の世論とメディア、組織団体においても張学良排除の声は、日増しに勢いを増すばかりであった。

政界の反応

これら一部メディアにみられた批判姿勢は、政界においても共通するものがあった。

その代表例として、西園寺公望《さいおんじきんもち》と宇垣一成《うがきかずしげ》の言動を追っておこう。

西園寺公望の秘書であった原田熊雄《はらだくまお》が西園寺の言動をメモしてまとめた『西園寺公望と政局』で錦州爆撃の話が出てくるのは、以下の箇所である。

すなわち、原田は、「同日〔一〇月八日〕午後九時二五分の汽車で、自分〔原田熊雄のこと〕は京都に行つたが、その発つ前に出た号外に、「日本軍が、満州の治安を攪乱する震源地であると言つて、錦州を爆撃してゐる」ということが出てゐた」[47]と西園寺に伝えたと記す。同時に西園寺の上京を要請する木戸幸一《きどこういち》（当時、内大臣府秘書官長）をはじめ、総理大臣、宮内大臣、侍従長らの声を、原田は説明する。木戸たちは、万が一にも昭和天皇の下問があった場合に備えようとしていたのである。それほど錦州爆撃は政権中枢に衝撃を与えた事件だった。

これに対して西園寺は、「まあ、もう少し様子を見てからにしようぢゃないか。いま出るとなお混乱を来しはしないか」[48]と、即時の上京の要請を断っている。西園寺としては国際連盟の対応ぶりが一番気がかりであった。だからといって直ちに関東軍を押さえる手立てを持っていたわけでもない。一旦上京を見合わせたのは、錦州爆撃に絡む国内外での賛否が渦巻くなかで、西園寺が沈静化に動いたと受け止められかねないとする、やや消極的な姿勢を見せていたためである。

そうこうするうちに、国内ではクーデター未遂事件が続き、不穏な政治状況となる。現実には当面静観するしかなかった。昭和天皇はじめ、宮中グループや政府関係者は、関東軍を抑制する手段を模索しつつ無為な時間を送ることになる。

また、陸軍の重鎮で政界にも強い影響力を持していた宇垣一成は、一貫して満州の直接統治を主張する立場を堅持していた。その宇垣が自らの日記において錦州爆撃に言及したのは、一〇月一八日のことである。その部分を引用してみよう。

飛行機上よりする爆撃に対する欧米人の心理状態は余程深刻なるものがある。夫れは数年に亘る大戦中の実物教授より体得したるものである。其等の呼吸は若き将校共には理解されて居らぬ。無造作の考へで錦州を爆撃し、夫れが聯盟及び世界の空気を一時的たりとも日本に悪しくしたりし如きは、余り賢明の遣り方ではない。世界的の常識不足は若い者には有勝ちである。当局の指導統制の厳乎たることが極めて必要である。[49]

宇垣は錦州爆撃に大きな衝撃を受けた欧米人の歴史体験を指摘したうえで、このことに無頓着な青年将校たちの軽佻な姿勢を批判する。錦州爆撃自体を批判しているのではなく、欧米人の反応を十分に斟酌しつつ、国際連盟の動きにも慎重に対応すべきだと説いたのである。

軍縮の断行や英米など国際関係を重視する姿勢を持っていた宇垣は、後の一九三七（昭和一二）年一月、廣田弘毅《ひろたこうき》内閣の後継として一旦は大命降下を受けるも、その宇垣の従来の姿勢ゆえに、参謀本部に戻っていた石原莞爾《いしはらかんじ》らの策謀で組閣に失敗することになる。世にいう「宇垣内閣流産」である。錦州爆撃への批判だけではないにしても、宇垣の発言が六年後の〝宇垣一成首相〟誕生の可能性まで奪ったのである。

読み違えた国際情勢

ところで錦州爆撃が宇垣の懸念するように国際社会に衝撃を与えたのは、張学良の政権所在地の錦州交通大学、東北軍の北大営といった、いわば軍事目標に限らず、錦州駅、錦州東関石柱街、東大営民家、鉄北民居、病院など非軍事施設までを空爆の対象としたことであった。錦州市民の生活基盤への無差別爆撃を強行したことは、これまで繰り返してきたように、多くの死傷者を出すことになる。

戦後、中国側でも調査が進んでいるが、現時点では先に取り上げた数字や事実以上のものは公表されていない。関連する中国語論文でも、特段新しい調査結果や数字は提出されていない。問題はそうした数字的な記録よりも、中国では都市無差別爆撃という事実への関心が非常に強いことである。

錦州爆撃が都市無差別爆撃に相当するとの認識が当時の陸軍中央に皆無であったわけではない。例えば、当該期において参謀本部が作成した「満州事変に於ける軍の統帥（案）」の「第五節　錦州軍政権の設立と其爆撃並爾後に於ける状況」には、以下の文面が綴られている。少し長いが引用する。

茲《ここ》に深甚なる考慮を払ふべきは最近中外の神経極めて鋭敏となり、貴軍〔関東軍〕の一挙一動悉く世人にも衝動を与へ、其波及するところ動《やや》もすれば大局の指導を不便ならしむるの事実あり、故に貴軍に於ても右に関し注意を倍加せられ事の決行は状況之を許す場合に於ては事前に十分の処置を講じたる後、之を実施せられんことを望む、特に住民地の爆撃は往々世人をして大都市に対する空襲を連想せしめ、支那特に満蒙に関する認識を欠ける外人若くは軍行動の特質を解し得ざる陸軍部外の者をして、貴軍の企画を誤解乃至は曲解せしむることあるを以て、此の種爆撃は真に最後的手段たるべく、又本趣旨は十分飛行隊将校以下にも知得せしめ置かれんこと緊要なりと信しあり。(50)

この記述からは、満州事変の全体総括をするなかで、参謀本部としては錦州爆撃が国際社会に与えた衝撃を十分に認識していたのである。欧米人の歴史体験への配慮を示すことで、欧米諸国からの批判を極力回避しようとしていたことがわかる。それでも錦州爆撃が強行されてしまうと、日本政府は爆撃正当論を繰り返す。そうでなければ欧米諸国からの批判を回避できなかったからである。

さて、錦州爆撃に至る直前まで、欧米諸国の政府は満州事変の展開に注意を払っていたが、それでも一定の圧力を日本政府にかければ日本は自主的に撤退するとの予測と期待感を持っていた。それまで欧米諸国は、張作霖《チャンツォリン》や張学良軍閥が組織的に行ってきた日支条約などへの背信行為を糾弾し、日本の軍事行動をある程度許容する姿勢すら見せていたのである。本書でも繰り返し述べてきた、いわゆる宥和的姿勢である。

それもあってか、日本陸軍は当初、欧米諸国の満州事変への反応に比較的楽観的な姿勢を抱いていた。例えば、「陸軍は、その武力行使の開始にあたっての国際法的な正当性を確保できる見通しを有しており、国際社会から支持を受けるものと考えていたことが理解できる」(51)とする指摘がある。

このような楽観論が日本陸軍内部に存在したことの理由としては、軍縮を基調底音とする国際政治の思潮を充分にフォローしていなかったこと、日本と同様に帝国主義国家であった欧米諸国の動きから日本だけが決して異質の存在とは思われていないはずだとする都合の良い判断があったことなどがあげられる。

一九二〇年代から一九三〇年代にかけて国際社会は軍縮気運が昂揚しており、実際に直近では一九三〇年四月二二日のロンドン海軍軍縮条約締結（発効は、同年一〇月二七日）が実現したばかりであった。日本陸軍は、国際社会が軍縮実現に注力しており、軍事行動による覇権主義の行使には否定的な国際世論が主流となっていることへの認識が希薄であったのである。

こうした判断の上に、満州の主要地域の軍事占領に成功した関東軍は、次のステージへと駒を進める算段を本格的に開始していた。その事情について、中国の研究者は次のように指摘する。

> 日本軍は黒竜江《ヘイロンジアン》省の省都チチハルを占領してしまうと、北に気を配る心配が無用となった。それで、今度はその矛先を錦州に向け、遼西地区を奪い取ろうとした。これが日本軍の第四期作戦の目標であった。錦州は遼西の要衝で、北寧、錦朝両鉄道の交差点でもあり、それが持つ重みはきわめて大きかった。錦州を奪えば遼寧省全部の占領を完成したに等しく、さらに西の熱河《ルゥーハァン》、北津《ベエイヂィン》（北京天津）を侵略する折の最重要基地の獲得を意味したからである。(52)

錦州爆撃は、中国の心臓部である北京を中心とする平津地域への侵攻を準備する第一段階の総仕上げ的な意味があったというのである。その点からすれば、錦州爆撃は、中国制圧に本格的に着手する戦略上の重要な突破口であった。

そうした目標を念頭に据えた錦州爆撃であったものの、欧米を中心とする国際社会からの反発は想定外であったかも知れない。反発の起きることを関東軍及び陸軍中央、さらに日本政府はどの程度覚悟していたのか。あるいは全く想定外の事態だったのか。欧米との対立を想定してまで、日本は錦州を爆撃し占領する国家的意志を固めていたとは到底思えない。

この点を含め、いま一度満州事変とは何であったのかを、石原莞爾の行動を通して追っておきたい。

満州征服計画

満州占領と支配が日本の究極の国家目標であったとしても、錦州爆撃自体がその目標実現のために最初から企画されていたわけではない。関東軍急進派将校を後押しする陸軍中央の強硬派らによって、独自に実行されたとするのは妥当な見方であろう。日本の国家目標実現のためには、錦州占領が不可避だと判断した石原莞爾参謀を中心とする関東軍の参謀たちの〝謀略〟として引き起こされたのである。なかでも石原莞爾の役割が、しばしばクローズアップされる。そのこと自体は間違いないが、個人の力量や才覚に、この事件の原因を求めるのは客観的でない。

確かに錦州爆撃の発案者の一人であり、しかも石原自身も爆撃に参加している事実を加味したとしてでもある。石原が放つ強烈な個性が、事変のもつ本質をすっかり覆い隠してしまったかのようである。

石原は指令機に搭乗し、上空から錦州爆撃を目撃する。地上で爆炎が上がるのを、一体どのような感慨を持って見やっていたのだろうか。そもそも錦州爆撃は、いかなる経緯を経て決定されたのか。錦州爆撃の計画は、一体何時、誰の主導で決定されたのか。

これらの問いの一つの答えとして、一般的に持ち出されるのは、一九三一年九月二二日の三宅光《みやけみつ》治《はる》参謀長、土肥原賢二《どひはらけんじ》大佐、石原莞爾中佐、片倉衷《かたくらただし》大尉の五人による会議とされる。その会議で、「張学良政権が錦州に建てられたとの情報から、錦州爆撃が決定され、そしてまたここに本国から政権樹立に軍が関与することを差し止める電報が入っていたが、片倉はこれを握り潰して、本庄にも知らせなかった」(53)とされている。

もう一つ、当時の関東軍及び陸軍中央に漂っていた雰囲気を伝えている証言を引用しておこう。当時、参謀本部員（のちに軍務局長など歴任）であった佐藤賢了《さとうけんりょう》が戦後に著した証言録である。

錦州は張学良の出店みたいになっていて、そこで満州の匪賊をあやつってゲリラ戦をやっているので、これを取らなければ満州は固まらない。誰がみてもやるといった見方であった。(54)

これも後付けの感は否めないが、当時の参謀本部に勤務していた佐藤の証言からは、軍内部の雰囲気を読み取れる。「錦州を取らなければ満州は固まらない」とは、錦州の位置を端的に語っていた。錦州爆撃は、奉天を脱出した張学良の設営した錦州の臨時政権を潰すことが目的だった、というのである。そして、関東軍の作戦の真意は、張学良政権を排除することによって、張学良と蔣介石との連携を阻止することにあった。

平津地域への侵攻拠点として、錦州の位置付けがあったとしても、華北全域への侵攻準備が出来ていたわけではない。実行する意図も用意も十分でなかったことは明らかだった。関東軍は陸軍中央の意向を窺いながらも、満州全域を軍事占領し、対ソ戦争の前進拠点にしようとした。つまり、華北侵攻と対ソ戦争準備という二つの軍事行動を並走する余力がなかったのである。

石原自身は、対ソ戦争を優位に進めるために、満州制圧から中国本土制圧を企画し、その上で対米決戦を展望していたことは知られている通りである。満州地域の制圧から中国本土制圧を起点とし、対ソ戦争勝利の道筋を描き、アメリカとの「世界最終戦」に勝利する。石原自身が錦州爆撃を企画した根底には、帝国日本の躍進を展望していたからであった。

このような石原の遠大な構想を陸軍中央及び日本政府周辺の有力者や日本の国内世論が支持していたわけでないにしても、帝国日本の躍進を希求する人々にとっては、石原の構想は魅力ある国家構想であったのであろう。

ただ、錦州爆撃前後の時点で、中国とソ連の二国を同時に戦争相手国として構想することは、二正面作戦を強いられることになる。この点で、陸軍中央は錦州爆撃によって中国平津地域、すなわち華北一帯への侵攻の突破口とする方針を固めていたわけではない。その一方で関東軍は、一気に中国東北地域の軍事占領を推し進め、その勢いを駆って華北一帯の制圧を構想していた。それゆえそこから慎重な姿勢を崩さなかった陸軍中央と、なかでも関東軍急進派将校たちとの間で軋轢《あつれき》が表面化していく。

中国制圧をめぐって陸軍中央と関東軍には、確かに方針の違いはあったものの、ソ連と直ちに戦端を開くような事態を回避する点においては、一致していたと思われる。石原が繰り返したように、対ソ戦の基盤を固めるためにも、中国制圧が優先されていたのである。

その結果、満州事変から六年後の一九三七年七月七日、中国制圧の本格化とも言える盧溝橋事件を引き起こしたのである。そして、その翌年の一九三八年及び一九三九年と二度にわたりソ連軍と衝突する（張鼓峰《ジャングーフォン》事件、ノモンハン事件）。この軍事衝突は、ソ連軍の威力を図る目的とされたが、関東軍は甚大な被害を受ける。完全な敗北である。このことが、対中国制圧論に一段と傾斜していく契機ともなった。

すなわち、満州事変による満州国（満州帝国）の建国が日本と中国及びソ連との戦争発動の要因の一つとなっていくのである。その意味で錦州爆撃は、中国とソ連を相手とする戦争の深淵ともいえる重大事件として把握できよう。時代を先取りしていえば、のちの対英米蘭戦争の深淵に位置する重大な事件となったのではないか。

さて、錦州爆撃に関わった石原の言動は、戦後の石原人気も手伝って数多くの評伝の類に再三登場する。前章でも紹介した片倉衷少佐は、自著のなかで錦州爆撃と石原莞爾の言動にふれ、以下のように語っている。

錦州に樹立の学良残党の錦州政府は、満蒙治安を紊乱し、新政権樹立運動を妨げており、また匪賊を操縦して、妨害行為に出ていたので、十月八日我が飛行隊は十二機編隊を以て錦州上空に飛行、午後二時ごろ二五瓩《キログラム》爆弾七十余を省政府と覚しき処に投下した。石原参謀は、その一機

に搭乗してこれを視察した。(55)

以上の片倉の記述は、出動機数を「十二機」としている以外、ほぼ間違いないであろう。出動機数や投下爆弾数は、以後の叙述でも適時引用紹介していくが、それらと片倉証言はほぼ一致している。恐らく情報の出所が大体共通しているから当然といえば当然である。

そこに共通するもう一つの問題は、いずれも被害の実態を低位に見積もるか、あえて曖昧にして語る手法である。爆撃の実態を数値で示しながら、必ず匪賊討伐や対空砲火への対応という口実を付すパターンである。片倉だけでないが、そこには爆撃が国際社会に与える影響や国際世論の厳しさへ言及が全くないのも一貫した共通点である。

米英の日本批判

しかし、軍部や石原の見積もりに反して、国際世論は日本へ厳しい姿勢を向けた。そのことが徐々に明らかになってくる。爆撃後、一早く反応したのは、やはりアメリカだった。

まず、スティムソン米国務長官の証言から引用する。戦前期に出版された『極東の危機』（THE FAR-EASTERN CRISIS）から伏字のある一文である。伏字の部分は×で示し〔　〕内に該当するであろう文字を入れた。

日本軍は、張学良及びその政府が満州から全然姿を消すまでは、その軍事行動を止めるものでない旨の諸声明が行はれたが、これら声明は、東政府の非難を受けるところとならなかったばかりか、日本の×××〔関東軍〕は、この政策を、最も思ひ切った方法で×××〔実行〕し始めたのであつた。即ち、十月八日には（七十字削除）これは明らかに、×××〔国際連盟規約の違反〕行為であり、吾々早速、東京政府へ抗議したが、それに対して日本側は、極めて不充分な、遺憾の意を表したに過ぎなかった[56]。

スティムソン米国務長官は、錦州以前に満州事変を引き起こした関東軍の軍事行動には、比較的穏健な態度で臨んでいた。例えば、満州事変の勃発直後、アメリカ国務省に出淵《でぶち》勝次《かつじ》駐米大使を招いた際も、「日本は満州をほとんど手に入れてしまったのだから、錦州位はどうでもよかろう。しかも錦州は国際都市のことだから、なにかあればきっと問題になるだろう」[57]と釘を刺す程度であった。日本の満州軍事占領を容認するかの言動をあえてすることで、関東軍の自主的撤兵を促したのである。そこには錦州爆撃以後、みせたような厳しい発言はない。アメリカとしては、日本との間に正面切っての対立は得策ではないとする判断をとっていたのである。

実際、日本批判が起きた事実を踏まえたうえでの証言であり、後付けの感はするが、アメリカが事変勃発当初、宥和的であったことはスティムソンの評伝などでも記されている。

しかしながら、錦州爆撃が起こると、その態度は一変し、先に引用したようなものとなる。スティムソンは錦州爆撃後の一〇月一一日、出淵大使を通じて日本に問題の重大性を指摘した折にも、日本軍機による錦州上空の侵犯、空爆を敢行したことへの非難、中国側の錦州市民への被害など挙げ、何よりも、爆撃が無防備、無通告の都市に対し戦時中にも禁止された行為に踏み切ったことに深い憤りを隠さなかった。満州事変直後、出淵駐米大使に語った宥和的姿勢は完全に消えていた。アメリカは日本の無差別爆撃に対し、最も直接的な批判を行ったのである。

スティムソンは、同国政府のジュネーブ駐在総領事ギルバートを米国の公式代表として国際連盟に出席させ、日中両国との折衝に当たらせていた。そこでは、日中衝突に関する議論を行っているが、明らかに関東軍の錦州爆撃は米国の対日態度の変化を決定づける事件となった。

アメリカは、北京・奉天に巨大な利権を抱えていたこともあり、それが日本軍（関東軍）に侵害される可能性をも不安視していたのである。アメリカ政府及びスティムソン国務長官の反応については、次章でふれることにする。

イギリスもアメリカと同様に、錦州爆撃に大きな反発を示すことになった。一〇月九日、ルーファス・アイザックス外相は、フランシス・リンドリー駐日イギリス大使に対し、日本政府の爆撃に強い衝撃を受けたこと、国連理事会で日本が約束した事変不拡大との乖離を指摘、早急に事態収拾を日本政府に求める旨を伝令した。

リンドリー駐日大使は、幣原喜重郎外相と二回にわたり会見し、日本政府は情勢を悪化させないと約束したが、爆撃はこの約束を破ったと強く抗議した。これに対して、日本政府は第一次世界大戦期、欧州戦線で繰り返された空爆事例から、恐怖と被害への民衆の記憶が強く残っていることは知っていはずだったと主張した。そして、錦州爆撃は偵察行為への中国側からの砲撃に対する自衛行動の一環としての爆撃である、との主張を繰り返した。

第一次世界大戦期に都市無差別爆撃の被害に遭遇し、甚大な被害と何よりも恐怖に追い込まれた体験を有するヨーロッパ諸国では、再びその恐怖が蘇えることになった。恐怖の記憶が日本への批判と反発を呼び込んだのである。

3 無差別爆撃に先鞭をつける

昭和天皇の承認

ここで錦州攻撃が、日本の中枢でいかなる手順で決定あるいは容認されていったかを追ってみよう。確かに爆撃行為は関東軍の独断で強行された。その一方で、日本政府及び陸軍中央は、天皇をも含めて何らかの了解がなされていたとの証拠もある。

錦州爆撃をめぐって、当時皇后宮大夫兼侍従次長の職にあった河井彌八《かわいやはち》の日記には、「陛下には錦州攻撃の対外影響に付、深く御軫念遊ばされ、犬養外相〔犬養毅が首相と兼任〕に対し御下問あり」[58]との記述があるように、当初は錦州不攻撃の意向を持ち、国際間の信義を尊重するように犬養首相に伝えていた。しかし、関東軍は昭和天皇の意向も完全に無視する挙に出ていたのである。関東軍の破竹の勢いに押されてか、最終的に昭和天皇は抑制的な姿勢から攻勢的な姿勢へと方針転換してしまう。

そのことがわかる記述が侍従武官長奈良武次《ならたけじ》が書き残した日記にある。一九三一（昭和六）年一〇月九日の日記で昭和天皇は奈良に対し、以下のような発言を行ったとされる。

十月九日　金　雨、曇り
二宮次長退出前、陛下より錦州付近に張学良軍隊再組織成れば事件の拡大は已《や》むを得ざるべきか、若し必要なれば余は事件の拡大に同意するも可なり、依て参謀総長の意見を聴き置くべしとの御話しありしことを話し置きたり。次長は総長にも話し、其内総長参内、一度上奏する様にすべしと云ひ居たり[59]。

昭和天皇は、張学良が錦州近くで部隊を再集結させている現状から、日中両軍の衝突は避けられないとの判断を示し、必要ならば「事件の拡大に同意する」と発言したとする。昭和天皇が欧米諸国からの批判をどこまで予測していたのか、それとも関心の外であったか定かではない。だが、日記を額面通りに読めば、張学良軍との軍事衝突の可能性があれば、錦州制圧は仕方なしとする踏み込んだ判断を語っていたことになる。満州事変勃発後、昭和天皇は、関東軍の迅速な行動に不安を抱いていたはずである。しかし、関東軍が一気呵成に満州地域の軍事占領を果たしたことを受け、いわゆる満蒙問題の解決を優先課題としていた昭和天皇が、そのために錦州爆撃も不可避と踏んでいたことは容易に想像できる。

昭和天皇も満州の完全占領こそが、満蒙問題解決の決め手と判断していたかも知れない。そこまで思案して、錦州制圧に同意したのではないか。

この昭和天皇の発言は奈良から二宮参謀次長に伝えられた。これを受けて、二宮は直ちに参謀本部内で報告書の起草を命じ、錦州爆撃の必要性を論証しようとした。この日記の内容と爆撃命令及び実行とには、時間軸のずれがあり、奈良の日記は一〇月九日付だが、一連の状況を踏まえ、それに先立つ同月七日の午後には既に関東軍は、正式に錦州爆撃の命令を発したとする(60)。

こうしたことから、錦州爆撃は単に関東軍の暴走というレベルの問題ではなく、昭和天皇をも巻き込んだ、天皇の「同意」の下で実行に移された軍事行動であったと言える。

そもそも関東軍は錦州爆撃を錦州陥落の予備的行動と位置付けており、加えて国際連盟からの勧告も正面から受け付けるものではなかった。関東軍の姿勢は陸軍中央にも共通しており、当時内大臣であった牧野伸顕は、荒木貞夫《あらきさだお》陸軍大臣と面談した折の日記に、「国際連盟を軽んずる口調を漏らせるに付、自分は講和会議当初の事情、日本が之に参加せる事情及び列国との関係等に付概略陳述し置けり」(61)と書き記す程であった。

関東軍も陸軍中央も、国際連盟の対日姿勢に明らかに反発していたことを窺わせる。
関東軍の独走、日本政府と陸軍中央の追認、昭和天皇の事実上の容認の流れのなかで、結局錦州爆撃は、事実上の国策として認知されることになったといえよう。

錦州爆撃を後押しする

満州全域への占領計画が実行されるなかで、錦州爆撃を身近に見ていた在中国・在朝鮮の日本の高級軍人たちは、如何なる記録を残していたのかを見てみる。彼らは時として昭和天皇の意向にも逆らう形での動きもする。しかし、最終的に昭和天皇もこの動きを追認していく。勿論、個々のケースで、統帥権者としての権能を振るうこともあったが、概ね関東軍を含めた陸軍中央の意向に沿う形で動いていたといえよう。(62) そうした昭和天皇の動きもあってか、錦州爆撃の「成果」を踏まえて、関東軍及び朝鮮軍、それに陸軍中央は満州支配の方策を一段と露骨な形で明らかにしていく。

満州事変勃発時の後で、「越境将軍」と呼ばれることになる朝鮮軍司令官林銑十郎《はやしせんじゅうろう》が残した『林銑十郎―満州事件日誌』には、そのことが端的に示されている。すなわち、錦州爆撃の翌日である一〇月九日の項において、本庄繁《ほんじょうしげる》関東軍司令官と内田康哉《うちだやすや》満鉄総裁との会談要旨が、宇垣一成朝鮮総督宛に電文で伝えられたとする。その内容は以下の通りである。

一、満蒙に新政権樹立
一、宮中方面説得
一、国際連盟に対する硬態度の必要
　等を進言するものなり。新政権の何物を可とするやに付ては、依然触れあらず。目下之が見極め困難なるものと認めらる[63]。

錦州爆撃で張学良政権排除に乗り出した以上、これに代わる「新政権」を樹立し、満蒙地域における日本の支配権を確立するという構想を具体化すること、親欧米的なスタンスを持している宮中方面を含めた高官を説得懐柔する必要のあること、そして日本への批判を続ける国際連盟の圧力を排除して、日本の大陸構想を円滑に進めること、などが確認された。

また同日誌には、「吉林《ジーリン》に旅行せしめたる河野《こうの》〔悦次郎《えつじろう》〕帰来す。その報告の要旨、左の如し」として、「一、奉天、長春、吉林平穏、我勢力下にあるを謳歌しあり　二、関東軍は自発的に錦州を攻撃せり（傍点、引用者）三、奉天にてはどしどし我利権の獲得、必要なる施設に着手す」[64]という記述がある。

ここに出てくる河野悦次郎少佐は、吉林省延辺竜井村に駐屯する第一九師団隷下の歩兵第七五連隊付であり、同連隊は錦州付近での戦闘に従事していた。河野少佐の上位組織である朝鮮軍司令官であった林銑十郎中将は、満州の軍事占領に当初から意欲を燃やしていた強硬派の軍高官の一人であった。

本庄繁関東軍司令官と内田康哉満鉄総裁は、錦州爆撃の企画に深く関与していたかは定かでない。だが、「関東軍は自発的に錦州を攻撃せり」との彼らの判断は、それ相応に間違いのないものであった。

問題は本庄にしても内田にしても、錦州爆撃を次のステップに進むための大きな契機として捉えていたことである。そこには錦州爆撃が欧米諸国に与えるであろう衝撃の予測は微塵も見られない。「奉天、長春、吉林平穏、我勢力下にあるを謳歌しあり」の状態を、利権拡大の大いなるチャンスとみていたのである。この両者の感慨は、陸軍中央および政財界の強硬派に共通した満足感を与えていたと思われる。

錦州占領

錦州爆撃以後、一九三一年一二月一八日、関東軍は「遼西討伐令」を発令する。同月二一日、本庄繁関東軍司令官は第二師団、第二〇師団、混成第三八旅団、同第三九旅団及び第八師団の合計四万の兵力を集結させ、錦州占領を目途として、営溝《インゴォウ》、北寧《ペイニイン》、大通《ダアートオン》の三つの鉄道沿線に沿って、錦州及び西の東北国境警備軍に総攻撃を開始した。この日、東北民衆から成る義勇軍第八路は、大通線銭家荘《チィエンヂィアチゥアン》付近で日本軍と激戦となり、甚大な被害を受けながらも日本軍の前進を阻んだ。

そして、一九三二年元旦、日本軍は錦州総攻撃を決定する。二日未明、四機の日本軍戦闘機が錦州を爆撃。日本軍の第八混成旅団は大凌河《ダーリィンフゥー》を渡り、東北軍騎兵第三総隊は抵抗するも錦州城内に撤退。その後、錦州城内の東北国境警備軍守備隊が西に撤退し、錦州は陥落する。三日午前一〇時、日本軍の第二〇師団第三八混成旅団が錦州に入った。

錦州占領後の一月八日、昭和天皇は「満州事変に関する勅語」を関東軍に与えた。この勅語によって、満州事変が天皇によって正当化されたのである。よく知られた「朕深く其忠烈を嘉《よみ》す」の文言が登場する。以下に引用しておく。

錦州城から見た「ラマ塔」

> 曩《さき》に満州に於て事変の勃発するや、自衛の必要上関東軍の将兵は果断神速寡克《よ》く衆を制し、速に之を芟討せり　爾来艱苦を凌《しの》き祁寒《きかん》〔厳しい寒さ〕に堪へ、各地に蜂起せる匪賊《ひぞく》を掃蕩し克く警備の任を完《まっと》うし、或は嫩江斉々哈爾《ネンジャンチィーチィーハアール》地方に或《あるい》は遼西錦州地方に氷雪を衝き勇戦力闘以て其禍根を抜きて皇軍の威武を中外に宣揚せり　朕深く其忠烈を嘉す　汝将兵益々堅忍自重以て東洋平和の基礎を確立し朕が信倚《しんい》〔信じて頼ること〕に対《こた》へんことを期せよ。(65)（傍点引用者）

昭和天皇の「朕深く其忠烈を嘉す」の勅許は、関東軍の独走にお墨付きを与える結果となり、その後天皇の意向を先んじて汲むことが、いわば皇軍兵士としての責務だとする観念を定着させることになる。天皇の命令の前に動くことをもって、天皇への忠誠心の証だとする観念が軍部全体を覆う風潮は、その後軍の独走に一段と拍車をかけていく。

錦州爆撃以後の空爆事例

本章を終えるにあたり、陸軍省が錦州爆撃以後の関東軍航空隊による空爆事例を調査した『自昭和七年一月至昭和七年七月　関東軍活動状況概要』（二一一～三一一頁）から表にまとめておく。

表　錦州爆撃以後の関東軍航空隊による空爆事例

1932年	場所	出動部隊	概要	結果
3月3日	奉天東南地区	飛三中	数百の兵匪を爆撃し、多大の損害を与ふ	
3月10日	奉天東北方約一〇キロメートル	飛一中	兵匪八、九百を爆撃四散せしむ	死者約二〇

5月30日	綏北南方地区	飛行機一機	敵弾を受け不時着	
6月3日	徳都付近	飛一中	集団せる約五百の敵を爆撃す	
6月9日	錦西西南二〇キロメートル	飛一中	匪賊の根拠地たる該地を爆撃す	
6月14日	拝泉東方地区	飛一中	約千五百の敵部隊を爆撃し多大の損害を与う	
6月16日	拝泉、西花園子中間老孟付近	飛偵二機爆四	約六百の敵集団を認め之を攻撃し多大の損害を与う	
6月16日	小黒山東北方地区	飛一中	約二百の兵匪を爆撃せり	
6月24日	新賓	飛一中	約二、三百の兵匪を爆撃す	
6月25日	倫樹付近	飛三機	吉林軍を包囲しありし数百の敵を攻撃す	

＊「飛一中」は飛行第一中隊、「飛三中」は飛行第三中隊、「飛偵」は飛行偵察隊の略

この「活動状況概要」にみるように錦州爆撃以後、中国軍への攻撃兵器として航空機が頻繁に投入されるようになった。空爆の効果が評価され、認知されてきたのである。

ただし、空爆対象地域となったのは、錦州爆撃のように一定の人口や軍事関連施設を持った都市

ばかりではない。その後の空爆は中国側のゲリラ的抗日戦争への対応として頻繁に行われ、その対象地域は広範に及んだ。関東軍においては、対空砲火などの兵器類が不十分であったことから、圧倒的な優位性を確保してからの空爆が主流となった。

注

（1）参謀本部編『満州事変ニ於ケル飛行隊ノ行動』上、偕行社、一九三四年、一二頁。
（2）外務省情報部『満州事変及上海事件関係公表集』一九三四年、二〇頁。
（3）同右、二七頁。
（4）『満洲日報』（満洲日報社）は満鉄系新聞の代表的存在で、一九三五年八月に『大連新聞』と合併して『満洲日日新聞』となった。
（5）外務省日本外交文書デジタルコレクション『満州事変』第一巻第二冊、一六七～一六八頁。
（6）「我が軍の宣伝ビラ」（『文明協会ニュース　日本と世界』第一八号、一九三一年一〇月八日付）を参照。
（7）『大阪朝日新聞』一九三一年一〇月一〇日付。
（8）『大阪時事新報』一九三一年一〇月一一日付。
（9）『大阪朝日新聞』一九三一年一〇月一二日付。
（10）毎日新聞社編『一億人の昭和史　一　―満州事変前後　孤立への道』毎日新聞、一九七五年五月、四三頁。原文は、「満州事変と国際連盟―寧ろ当然の干渉」（『帝国大学新聞』一九三一年一〇月五日号）。
（11）『華北日报』は、一九二九年一月一日創刊（一九四九年一月三一日廃刊）の北京（所在地は北京市王府井大街一

一七号）で発行されていた有力紙。以下のURLを参照。https://www.modernhistory.org.cn/#/SearchResult_list?searchValue=华北日报&seniorType=&selectType=。ちなみに、中国では「抗日战争与近代中日关系文献数据平台（抗日戦争文献データベース）」があり、多くの抗日戦争期やそれ以前に出版された文献を検索可能である。https://www. modernhistory.org.cn/#/

(12) 前掲「抗日战争与近代中日关系文献数据平台（抗日戦争文献データベース）」から検索・閲覧。

(13) 前掲『華北日报』。以下のURLを参照。https://www.modernhistory.org.cn/#/SearchResult_list?searchValue=华北日报&seniorType=&selectType=。

(14) 「二つの政府」とは、サミュエル・ハンチントンの『軍人と国家』上（原書房、一九七八年）の「日本 政治的軍国主義の連続性」（二二四〜二三七頁）において使用された日本の政軍関係の実態を指摘したもの。ハンチントンは、それを「二重政府論」（dual government）と呼んだ。これについては、纐纈の『近代日本政軍関係の研究』（岩波書店、二〇〇五年）の「序章 政軍関係論から見た近代日本の政治と軍事」を参照されたい。

(15) 同記事については、『中国人民網』（二〇一四年九月二三日 一五：〇三／出典 遼寧日報）に「古い雑誌は、中国に侵攻した日本軍による錦州爆撃の犯罪を明かにしました（日本訳）」と題して報道している。

(16) 黄鈺涵「〝九一八〟事変時期（一九三一・九〜一九三二・三）新加坡《叻報》涉華報道及言論研究」（西北大学修士学位論文、二〇一九年三月、二五頁）。尚、同論文は中国の論文を収録するWebサイト「中国知網」（https://www.cnki.net）で検索。

(17) 同右の黄鈺涵論文によれば、「《叻报》积极利用自身海外信息链发达的优势，大量翻译外国报刊（『叻报』は、充実した海外情報網を積極的に活用し、海外の新聞・雑誌を数多く翻訳掲載する）」（三八頁）と紹介している。

(18) 前掲「抗日战争与近代中日关系文献数据平台」から検索。同サイトから当時中国国内外で発行されていた新聞のほとんどを読むことができるが、一九三一年一〇月九日付で各紙が錦州爆撃に関する記事を掲載している。

見出しだけ引用すれば、「日飛隊轟炸錦州」（『申報』）や「日機十二架大挙轟炸錦州」（『天津商法』）といった具合である。
(19)大阪対支経済連盟『暴戻なる支那』大阪毎日新聞社、一九三一年、三三～三四頁。
(20)山川端夫『日支時局と国際連盟』（『国際連盟協会叢書』一一四）国際連盟協会、一九三二年、五九頁。
(21)『新世界』は、一八九九年にサンフランシスコで創刊された『日米新聞』と共に現地における二大邦字新聞として多くの在米日本人に購読された。出典は、アジア歴史資料センター（JACAR：J21021789600）。
(22)佐藤庸也『活機戦　第一部（満州事変）』日本軍用図書、一九四三年、一〇七頁。
(23)同右、一〇七～一〇八頁。
(24)村田正治『満蒙と日本の将来』兵用図書、一九三一年、六七頁。
(25)同右、六七頁～六八頁。
(26)社会教育会編『社会教育パンフレット』第一三九号、一九三一年、三四頁。
(27)「昭和六年一〇月二九日から昭和六年一一月一一日」（外務省外交史料館蔵『戦前期外務省記録』JACAR：B02030275600、画像頁〇一九二）。
(28)同右、画像頁〇一九七。
(29)同右、画像頁〇二〇二。
(30)対支功労者伝記編纂会編『対支回顧録　続』上、大日本政科図書、一九四一年、七八頁。
(31)前田義徳『東洋モンロー主義―最近の日満支諸問題』旭川新聞出版部、一九三二年、一三八～一三九頁。
(32)前掲『満州事変』第一巻第二冊、一六五頁。
(33)「満洲事変作戦指導関係綴　一〇月九日」（防衛省防衛研究所蔵『陸軍一般史料　中央　戦争指導　重要国策文書』（電文　関六三六、関参六四六・六五三、JACAR：C12120005200、画像頁〇三九一）。

(34) 同右。

(35) 「満洲事変作戦指導関係綴　一〇月一一日」（防衛研究所戦史部図書館蔵『満洲事変作戦指導部関係綴』（JACAR：C12120005400、画像頁〇四二四）同右、関参第六四四号　其一―三）。

(36) 同右。

(37) 同右、画像頁〇四二六。

(38) 外務省外交史料館蔵「満洲ニ於ケル我軍行動ニ伴フ第三外国人被害ニ対スル慰籍問題」（JACAR：B13081228200、画像頁四一三）。

(39) 前掲『満洲事変』第一巻第二冊、一六六頁。

(40) 同右。

(41) 同右。

(42) 岩本聖光「日本国際連盟協会―三〇年代における国際協調主義の展開」（『立命館大学人文科学研究所紀要』第八五号、二〇〇五年三月、一三三頁）。

(43) 国際連盟協会の役割と変質ぶりについては、池井優「日本国際連盟協会 その成立と変質」（慶應義塾大学法学研究会『法学研究』第六八巻二号、一九九五年二月）を参照。

(44) 国際聯盟協会編『国際知識』第一一巻第二〇号、一九三一年一二月一日、八三～八四頁。

(45) 文明協会編刊『日本と世界』第一八輯、一九三一年、八三～八四頁。

(46) 同右、八四頁。

(47) 原田熊雄『西園寺公望と政局』二、岩波書店、一九五〇年、九〇頁。

(48) 同右。

(49) 『宇垣一成日記二 自昭和六年六月　至昭和十四年二月』みすず書房、一九七〇年、八一四頁。

(50)小林龍夫・島田俊彦編集/解説(『現代史資料(11)続・満州事変』、みすず書房、一九六五年、三五四頁。
(51)森井大輔「満州事変(錦州爆撃)と対外宣伝について—柳条湖事件以降の国際世論の変化(一/二)」(航空自衛隊幹部学校幹部会編『鵬友』第四一巻第五号、二〇一六年一月、七二頁)。
(52)易顕石・張徳良・陳崇橋・李鴻鈞著、早川正訳『九・一八事変—中国側から見た「満州事変」』新時代社、一九八六年、二二五〜二二六頁。
(53)伊勢弘志『石原莞爾の変節と満州事変の錯誤—最終戦論と日蓮主義信仰』芙蓉書房出版、二〇一五年、一六四〜一六五頁。
(54)佐藤賢了『佐藤賢了の証言—対米戦争の原点』芙蓉書房、一九七六年、九六頁。
(55)前掲『戦陣隨録』六三頁。
(56)ヘンリー・スティムソン『極東の危機』(『改造』一九三六年一一月号別冊付録)、改造社、一九三六年、四〇頁。
(57)前掲『佐藤賢了の証言』、九六頁。
(58)河井彌八、粟屋憲太郎他編『昭和初期の天皇と宮中』第五巻、岩波書店、一九九四年、二三七頁(一二月二十七日(日)の項)。
(59)波多野澄雄・黒沢文貴責任編集『侍従武官長 奈良武次日記・回想録 第三巻 日記(昭和三年〜八年)』柏書房、二〇〇〇年、三六七頁。
(60)天皇の戦争指導を追求してきた山田朗は、これに関連して「満州事変と天皇制」(駿台史学会『駿台史學』第一〇八号、一九九九年一二月)のなかで、「張学良が体勢を立て直して一戦を挑むならば、「拡大」にも同意するというわけである」(六三頁)とし、天皇が錦州爆撃を事実上容認したことが、陸軍内の戦線拡大派を大いに勇気づけたとしている。
(61)牧野伸顕、伊藤隆他編『牧野伸顕日記』中央公論社、一九九〇年、四七七頁(十月十一日の項)。

(62) 満州事変期における昭和天皇の動きを総括して、山田朗は「陸軍がおしすすめる極端な膨張主義にたいして、時にはそれを抑制し、時には賞賛して士気を鼓舞しながら国威を発揚していくやり方を体得していったと言える」(同右「満州事変と天皇制」、七二頁)と指摘している。
(63) 林銑十郎『林銑十郎―満州事件日誌』みすず書房、一九九六年、四八頁。
(64) 同右、四九頁。
(65) 井原頼明編『増補 皇室事典』冨山房、一九七九年、四六七頁。

第四章　深まる日中対立

―遠のく和平への道―

第四章　深まる日中対立―遠のく和平への道―

錦州《チンチョウ》爆撃の結果、日中の対立は深まるばかりだった。張学良《チャンツェリン》の錦州仮政権所在地を爆撃したことは、張学良と蔣介石《チャンチェシー》との接近を促し、抗日戦線の原型を創り出していく契機ともなった。同時に錦州爆撃は、欧米諸国からの批判を巻き起こす。そして、日中対立は、欧米諸国と日本との対立にまで発展していった。

錦州爆撃は、日中対立・紛争の国際化の一大契機となり、何よりも日中交渉と和解の可能性を削ぐことになったのである。

実際には一九二〇年代後半には張作霖爆殺事件（＝満州某重大事件）により張学良政権と厳しい関係となったものの、蔣介石を中心とする南京《ナンジン》政府との関係は、「共存共栄」を基本原理とする和平実現の可能性も皆無ではなかった。蔣介石の外交分野における側近であった王正廷《ワンションティン》の「日中親善論」とは、経済関係の強化によって、日中両国は経済関係の強化によって、敵対関係を緩和しようとする外交戦略であったのではないか。

日中和平の僅かな可能性は、中国側の対日政策を根底から拒絶する満州事変及び錦州爆撃によって、大きく後退してしまう。本章では国際社会から孤立していく日本の対中国政策と、国際連盟を中心として強まる対日批判の実際を追う。そこでは日中間の和平が遠のいていく過程を振り返る。なお、本章では国際連盟理事会及び総会の動きと、国際連盟脱退を通告する日本政府の動き等を追っていることもあり、時間軸が頻繁に前後することを了解願いたい。

1 動揺する日本政府

若槻首相の焦燥

満州事変及びその一環としての錦州爆撃が日中関係を決定的に悪化させたことは再三述べてきた通りである。ここではまず、事変勃発当時の若槻礼次郎《わかつきれいじろう》内閣の対中国姿勢について追っておきたい。その動揺ぶりのなかに、事変が与えたインパクトの大きさと問題点が浮き彫りになってくる。

石原莞爾《いしはらかんじ》を筆頭として、関東軍急進派将校たちが満州事変を引き起こしたのは、当時の若槻内閣の満蒙政策に不満を抱いていたからでもある。とりわけ、外務大臣幣原喜重郎《しではらきじゅうろう》の外交方針を「軟弱外交」として糾弾し、「強硬外交」に転じさせようとする。対中政策を転換させることが、事変の目的の一つであった。

その結果として、日中関係は一段と険悪化していく。若槻内閣も厳しい突き上げに動揺を隠せなかった。

満州事変勃発を受けて若槻内閣は、錦州爆撃に先立つ一九三一（昭和六）年一〇月五日の閣議にて政府の方針を決定する。この時の若槻内閣の対応ぶりは、まさしく動揺する日本政府を端的に表していたと言っても過言でない。

若槻内閣では、政権発足時から満蒙問題をめぐり、激しい対立が続いていた。幣原喜重郎外相は、あくまで中国中央政府との交渉を優先すべきだとし、南次郎《みなみじろう》陸相は、満蒙問題の解決は日本の直接支配によってのみ解決されるとする強硬姿勢を崩さなかったのである。

この二つの対立する意見の調整が図られた。その結果、満蒙新政権が樹立される場合には、日本は一切これに関与しないこと、新政権の運用に干渉しないこと、の二点で落ち着いた。新政権は、あくまで満州人が自発的に運用するものであり、日本は支援するに留めるとしたのである。

これに加えての問題は、張学良政権の扱い方であった。錦州政権の排除を求めていた陸軍中央は、時局処理の交渉相手として張学良を回避することを陸軍三長官（陸軍大臣・参謀総長・教育総監）で決定済との主張を取り下げようとはしなかった。その一方で、山本丈太郎《やまもとじょうたろう》満鉄総裁のように張学良を交渉相手とすべきだとする見解も存在した。また、伊東巳代治《いとうみよじ》枢密顧問官も、張学良を排斥するのは適当でないと主張。しかし、参謀本部では、すでに張学良排除の一点で決定している、と主張するばかりであった。

このように日本の対中姿勢が揺れ動いている最中、一〇月七日に開催された枢密院会議で顧問官

上：若槻礼次郎
下：幣原喜重郎

全員が幣原外相の対中国外交を批判する。中国が事変解決の場として国際連盟に提訴したことを許したことは、大失態だと批判が起きることになったのである。

加えて満州事変勃発以来、拡大と不拡大の相矛盾する方針で揺れ動いていた若槻首相は、一〇月八日の錦州爆撃という新事態を受けて、その政策判断をめぐり一段と混迷を深めていく。その証拠に錦州爆撃二日後、元老西園寺《さいおんじ》公望《きんもち》の秘書であった原田《はらだ》熊雄《くまお》に次のような弱音を漏らしていた。

　日本軍の錦州爆撃が連盟の空気を悪化して、日本のために非常に不利である。十四日の連盟の議会が開かれるまで、この事実についてよほど弁明しなければならない。実に陸軍は困ったことをする。これでは到底自分もやりきれない。陸軍大臣に注意すれば、早速訓令しませう、と言って引き受けておきながら、出先は出先で勝手なまねをするので、なんともどうも致し方がない。[1]

陸軍に不満を抱きながらも、どうすることもできない焦燥感を滲ませた発言である。事実、軍部はクーデターの噂を流しながら、国際連盟を通して欧米諸国との間に妥協に踏み切り、軍部や関東軍の計画に歯止めをかけようとする若槻内閣の政策判断を牽制していた。

そうした中で関東軍は、満州事変と錦州爆撃などの事件を相次ぎ実行する。若槻内閣への牽制効果は十分ともいえた。

付言しておけば、その若槻首相は関東軍など軍部の横暴ぶりに毅然とした姿勢を示し切れていなかったものの、戦後著した回顧録には錦州に迫ろうとする関東軍の動きに対し、「錦州というところは、山海関の近くである。米国はこれに非常な疑念を抱き、それは北支に侵入する意図に違いないというので、一大決心をもって日本に迫ろうという形勢であった」[2]と、当時を振り返っている。日記を読む限り、関東軍の行動が錦州まで及ぶなら、欧米との対立は決定的だ、との正確な見通しを立てていたことになる。しかし、その後に「私の内閣の続いている間は、満州軍（関東軍）は錦州に入らなかった。錦州に入ったのは、その後、犬養内閣になってからである」[3]と記す。

確かに、関東軍が錦州市を占領したのは一九三二年一月三日のことであり、それに先立つ一九三一年一二月一三日、若槻内閣は総辞職している。この若槻の日記には錦州の地名は出てきても、「錦州爆撃」のことは一切ふれられていない。あたかも、錦州占領に至ったのは、犬養毅《いぬかいつよし》内閣の責任だと言わんばかりの記述ぶりである。

先に佐藤賢了《さとうけんりょう》の証言でも引用したように、アメリカは関東軍が錦州攻撃の計画のあることを察知し、出淵勝次《でぶちかつじ》駐米日本大使を通して日本政府に注意喚起していた。アメリカ、イギリス、フランスなどが国際都市であり、利害錯綜地である錦州に日本の影響力が及ぶことをすこぶる警戒していたことを若槻首相自身は熟知していたのである。

若槻の回顧を額面通りに解すれば、錦州爆撃によって日本は中国に味方する国際世論を一層沸騰させてしまう結果となり、戦略的には失敗であった、とする見解を吐露していたと解することもできる。客観的にみても、爆撃が国際連盟の場において、中国側への同情を集める結果となったといえよう。このことは後でもふれることにする。

枢密院会議

錦州爆撃が国際社会の猛烈な批判を浴びるに至った後、日本政府は新たな状況に如何に反応し、対策を練ったのだろうか。

錦州爆撃から二〇日程経過した一〇月二八日午前一〇時半から宮中東溜間《ひがしたまり》で開催された枢密院会議の内容を、『枢密院関係文書』に記載されている議事録から追ってみよう。出席員は倉富勇三郎《くらとみゆうざぶろう》枢密院議長、平沼騏一郎《ひらぬまきいちろう》副議長、富井政章《とみいまさあきら》顧問官ら一三名の顧問官、二上兵治《ふたかみへいじ》書記官長と堀江季雄《ほりえますお》・武藤盛雄《むとうもりお》の二人の書記官である。

政府からは若槻礼次郎首相と幣原喜重郎外相が出席している。まず、幣原外相が状況説明を行なった。幣原は満州事変勃発を受けて国際連盟理事会が九月二二日から三〇日まで理事会が開催され、その後一〇月一四日まで休会に入った旨を報告し、次のように述べた。

本月八日所謂錦州爆撃事件なるもの発生して少からず世界の人心を刺激し、国際法上の見地より飛行機の錦州上空飛行そのものが既に不可なるに、戦時すら問題と為《な》る爆撃を戦時に非《あら》ざる今日、之を行ふは不都合なりと攻撃する者多く、去る十一日に到り理事会議長は此《こ》の行動は日本政府が事態を拡大せずと云《い》へる言明を裏切るものにして、甚だ憂慮に堪えずと我政府に通告し来りたるを以て、帝国政府は之に対し自衛上已《や》むを得ず此の挙に出たる旨を回答したる(4)

非戦時にもかかわらず、空爆が敢行されたことは、国際法上問題であるとの認識を示す一方で、「自衛上已むを得ず此の挙に出たる」と述べ、繰り返し日本政府が主張することになる自衛論を展開する。そればかりか、国際連盟では、正式の加盟国でないアメリカからオブザーバーを招聘して、今後理事会含めて議論を展開する提案がなされていることに、警戒感を露わにする日本政府の姿勢をも示している。

日本政府は錦州爆撃を「錦州事件」と命名し、日中両国間での解決を急いだ。だが、中国は二国間交渉を拒否し、あくまで国際連盟が仲介すべき国際問題とする姿勢を堅持していたのである。

枢密院会議では出席した各顧問官が意見を述べている。その中でも富井顧問官の発言と若槻首相とのやり取りに注目しておきたい。富井顧問官は、民法学者として東京帝国大学教授、貴族院勅選議員、立命館大学の初代学長など務めた。

富井顧問官は、「本官の特に心配するは、此の度の連盟の決議に於《おい》て世界中の多数の国が、皆我国の敵と為りしが如き状勢なり。本官は日本が種々の疑惑を受け軍国主義の如く見らるることを恐るる者なり」と発言する。

発言自体は冷静かつ国際社会の受け止めを客観的に認識した内容である。しかも関東軍の無差別爆撃が国際法に違反した行動である限り、国際法を無視する「軍国主義の如く見らるる」ことへの懸念を表明する。

軍部が政治に介入する事態が目立つなかで、日本の国際的信用が損なわれていくことを憂慮しているのである。こうした国際的視野を持った顧問官がいたことは極めて重要であった。ただ、それが枢密院を代表する声とは必ずしもなっていなかった。

国際連盟の仲介頼まず

富井顧問官はさらに続けて、「仮令《たとい》孤立と為るも正義を守らば可なりとせむも、正義観念は各人必しも同様ならず。我は正義なりと信ずるも、外国は正義とせざることあり」と述べる。日本が「正義」を主張するも、正義観念は一つではなく多様である限り、そこには自ずと限界があることを指摘する。極めて合理的な主張である。

加えて富井顧問官は、「当局は何所迄従来の行懸《ゆきがかり》を通す考えなりや」と問いつつ、「一度〔軍隊の〕引上を試みるの考はなきや」と問うた。この発言で国際社会には全く通用しない自己正当化や自己弁護に努め、一方的に中国を批判する日本側のスタンスを痛烈に批判しているのである。

これに対して、若槻首相は、「本事変は全く支那兵の兇暴なる侵害に原因するものにして、我国は之に対して自衛行為を執るものに外ならざる」と相変わらずの自衛行為論を繰り返す。富井顧問官の指摘を全く理解しようとしない発言である。

若槻首相、幣原外相も国際連盟に日中間の仲介を期待する姿勢は皆無であった。あくまで日中二国間交渉で解決を志向し、国際連盟の日本軍の撤退要求には応じられないとの判断に固執した。その理由として、在満日本人の生命・財産が危険に瀕していることを強調する。日本政府及び軍部の一貫した自衛正当論の主張が、ここでも肯定的に受け止められているのである。

枢密院会議に出席した、もう一人の顧問官である石井菊次郎《いしいきくじろう》の発言にも注目しておきたい。石井は第二次大隈重信内閣の外務大臣、国際連盟創立時の日本代表を務めた。「石井・ランシング協定」締結の日本側責任者であり、中国問題に深く関わり、一貫して欧米諸国との融和を主張し続けた外交官でもあった。

その石井顧問官は、「今次の事変が支那軍の鉄道爆破に端を発したることは明白なるも、之が為日本国民は何処迄連れ行かれるや、陸軍大臣も外務大臣も知らざる間に錦州及北満地方が爆撃せられ、参謀総長にして出先軍部を指揮すること能《あた》はずとせば、前途は実に怖るべきものなりと考ふ」と述べる。

今日、いわゆる柳条湖《リウティアオーフ》事件が関東軍の謀略である事実は明らかにされているが、当時は枢密顧問官のレベルでも中国側の仕業説が受容されていた。それに反して、錦州爆撃が実行されるまで陸軍中央の指導部にも知らされていなかったこと、それが軍隊指揮権の逸脱行為であり、いわゆる統帥権の侵犯であることに言及しているのである。

この会議での発言の注目点は、統帥権（軍令権）が機能不全に陥っていたことへの注意喚起がなされていることだ。石井は関東軍の独走を懸念しており、それが天皇の統帥権を侵犯する行為ではないか、と指摘しているのである。つまり、統帥権が機能していないという意味で、統帥権不機能論である。

枢密院会議において関東軍が統帥権を侵犯していると間接的ながら指摘されたことに対して、若槻首相は、これにも現在事件の真相を捜査中だと苦しい答弁で、その不機能論を打ち消そうとしていた。

しかし、後の歴史が示すように、満州事変は陸軍中央の統制機能が及ばないまま関東軍が独走し、それを政府及び陸軍中央が追認する形で事態が進行する。大枠で陸軍中央は、関東軍の行動を暗黙のうちに了解していたがゆえに、拡大派と不拡大派の対立が存在したかのようにみえる。だが、実際は、初期のうちに暗黙の了解がなされ、追認行為が繰り返されたとみるのが妥当であろう。

富井顧問官や石井顧問官が主張するような、国際社会の常識や国際法の問題、そして政治介入を強行する軍部や右翼組織の動きに対して、日本の国際的信用を失墜していくことを憂う声は、民政党内閣を率いる若槻首相には全く届かなかったのである。

強硬姿勢を貫く日本

国際連盟での対日批判が活発になるなか、日本政府は動揺を隠せなかった。当事者である関東軍は、錦州爆撃への内外の批判に如何に対応しようとしていたのか。そこでは、先に引用した枢密院における国際世論を重視する見解や、一部海外メディアが提示する中国への宥和的姿勢すらも受け付けようとしない頑なな姿勢がみられた。

そのことを示す史料が、前章でもみた「日本は東三省治安維持の目的達成上現情より一歩も退くことを得ざる明証」である。再びの引用となるが、その緒言は以下の内容であった。

事変発生後僅少を以てする日本軍の活動により南満主要交通線に沿ふ狭小地域の治安は維持せられつつあるが、敗残兵の横行匪化せる官兵の土匪と拘合《こうごう》して猖獗《しょうけつ》勢情は、日を経るに従ひ猛烈となりつつあり、加之《しかのみならず》時日の遷延《せんえん》に伴ひ、旧軍権利たる北平張学良の指揮に属する便衣隊宣伝隊等は、事変発生後間もなく数次に亘《わた》り南満主要地点に潜入し来り、計画的組織の下に叙上の兵匪、匪賊を統合して日本軍により維持せられある地方の治安を破壊せむと企画しつつあり(5)

一旦確保した軍事占領の成果を何としても確保継続して、日本の覇権を貫くべく強烈な意思の表明である。関東軍が志向する満州地域から中国華北地域に至るまでの支配権の獲得という目標にいささかの迷いのないことを強調するのである。ここでは、すでに相手の存在や国内外の評価が、いかなるものであれ貫徹するのが当然とする、極めて頑迷な状況に陥っている、とさえ言えようか。

日本軍及び関東軍の目標に抗するものは、全てを敵とみなす姿勢が錦州爆撃以後、特に顕著となってくる。この文書には、関東軍参謀部の狭量さが窺える。しかし、これは史料として残る戦前期日本の公文書である。

同文書の最後には、「以上の如く東三省は日本軍の存在によりて辛ふじて官匪と兵匪と土匪との跳梁を局地的に防止しある情況」とし、張学良の命令を受けた勢力が治安を混乱させていると断定する。典型的な責任転嫁論である。

関東軍の以上のような受け止め方が示される中で、動揺する日本政府は、特に外務省サイドが国際連盟対策の手詰まり感を抱きながらも、表向きには陸軍中央に呼応するかのように強行姿勢を崩すことはなかった。関東軍の急進派将校と陸軍中央の急進将校グループが連携し、最終的には若槻礼次郎内閣を辞職に追い込んだ。若槻内閣を継いだ犬養毅は、親軍的スタンスを示していたとはいえ、軍部の勢いを統制することは叶わなかった。

錦州爆撃で弾みをつけた関東軍、そして陸軍中央に引きずられるように、日本海軍急進派将校グループも加わり、いわゆる軍部が政治主導権を握ろうとしていく。犬養毅首相が五・一五事件（一九三二年）で暗殺されるや、政党内閣をも葬ってしまった。

日本政府弁護論

満州事変の翌年一九三二年に入ると、日本政府の主張を弁護する内容の文献が相次ぎ出版されている。なかでも、かつて大隈重信のブレーンとして知られた浮田和民《うきたかずたみ》の編集した『満州国独立と国際連盟』に所収されたオー・エム・グリーン（『フォートナイトリー・レヴュー』記者）の「極東における危険信号」には、以下の記述がある。

九月二八日の閣議の後、参謀本部の代弁者は、満州における軍事行動は「現実の状況に支配され、事件は政府が欲する方法の通りには執行され得ない」といふことを新聞紙に告示した。此の間に軍部は満州の至る処に軍隊を動かした。朝鮮からは応援隊を派遣し、思ふがままに要地を占領した。十月七日〔ママ〕には錦州の爆撃までやつた。錦州は張学良が満州独立主義者に反対して彼れの新首府として選んだ処《ところ》である(6)。

グリーンの見解は日本に極めて好意的な内容である。そうした基調の評論を選択して選んだこともある。浮田は、この種の外国人記者や政治家の評論を好んで出版に供した。

同様に参謀本部の残した「満州問題に関する「アドバタイザー」紙の論説」（一九三二年一〇月一

六日付）の史料には、「『ジャパンアドバタイザー』紙は最近日本の立場を諒解し、逐次論説概ね穏健、妥当となりつつあり」としたうえで、以下の内容でまとめられていたとする。

それは、「1、外国人は日本と満州との複雑なる関係を理解せず　2、満州問題は第三国の干渉を許さずとなす日本の主張に概ね同意するも其直接交渉に至る迄には連盟の力を除外し得ず　3、満州問題の骨子は一九一五年の条約履行にあり　4、錦州爆撃は損得相償はず　5、日本は何人と交渉するのか　6、連盟は経済封鎖を為し得ざるべし」[7]等々である。

参謀本部は、日清・日露戦争以降における大陸政策の延長線上に満州事変の原因があることを繰り返し、その歴史を多くの欧米メディアが了解しているとの判断を示す。

欧米諸国特派員や新聞が錦州爆撃について肯定的な報道を行なっていると受け止め、また関東軍による錦州爆撃の戦術的効果を一定程度認めながらも、戦略的な観点からして限定的であったとする見解を記している。

すなわち、「日本飛行機数台が最近錦州を爆撃せるは全く悲しむべき出来事なりき、之がため軍部は支那宣伝員に宣伝材料を供することとなり、又支那をして「セネバ」〔ジュネーブ所在の国際連盟のこと〕の言論戦に於て彼等の切望せる弾薬を補給せる結果となれり。この出来事が日本に与へたる戦略的成果は支那側の収めたる利益に比するときは極めて軽少なり」[8]と。

こうした海外メディアの報道は、錦州爆撃が日中関係に最悪の事態を招き、両国和解の可能性を断ち切った点を暗に指摘していたのである。だが、その戦略的観点からする判断について、関東軍は無頓着といえた。そのような観点は、関東軍に限ったことではない。当該期日本のメディアも同様であったのである。

2　反発強める中国

蔣介石の期待と失望

関東軍の軍事進攻と日本政府の強硬姿勢に対して、蔣介石は満州事変後、国際連盟を含め、各国政府が日本への批判と制裁をいかにして発動するかを期待する。事変が起きた折、蔣介石の思いは、以下の日記に端的に綴られている。錦州爆撃が敢行される前日、「一〇月七日」の日付である。

この度の対日作戦は、戦闘の勝負ではなく、民族精神の消長と国家人格の存亡にある。私は我が国民固有の勇気と決心がすでにほとんど喪失しようとしており、ただ一時的な興奮に頼るばかりで、長期的な持続のないことを熟知している。……私は決心した。もし倭寇が我が政府を圧迫し窮地に陥れ、我が民族の独立、生存の余地なくさせるならば、成否を顧みる暇はないだろう。決然として奮起し、倭寇と必死に決戦するだけである。私自身の犠牲を頼みとして、我が国の人

蔣介石

格を表し、民族の精神を発揚するのだ[9]。

蔣介石は中国共産党の撲滅を最優先する事情もあってか、当面、抗日作戦は発動しない決意を冒頭で示していたものの、後段では「倭寇」、つまり日本軍の侵略が続けば国家生存に関わる事態であり、その場合は日本との決戦に臨むとする二段構えを明らかにする。恐らく、一九三一（昭和六）年一〇月八日の錦州爆撃は、毛沢東《マオツォトン》の率いる中国共産党撲滅の作戦を一時棚上げしてでも、抗日戦争を本格化しなければならないとの決意を固めさせる一大契機となったと推測できる。

中国政府は、アメリカやイギリスが強く日本政府に抗議していたことを歓迎し、国際連盟が日本に強く働きかけるものとの期待感を抱いた。蔣介石も、一〇月九日の日記に「世界の公理は相当なものがあるが、その結果が公平な決議を得るかどうかは不明だ」[10]と期待と不安の混在した感情を書き記していた。ここで言う「公理」とは道理の意味であろう。蔣介石は、世界が当然の判断を下すものと確信しつつ、それでも道理が通らないこともある国際社会の在り方に複雑な思いを抱いていたのである。

さらに、一〇月一二日、蔣介石は「総理記念週間」の演説で、「日本は多くの飛行機を使って、錦州—遼寧《リアオニン》臨時省政府の所在地で、多くの爆弾を投げて、私たち人民の生命財産を失わせた。日本軍の強力な武力によって彼らの侵略の目的を達成したのだ。錦州爆撃は中国の甚大な恥辱だけではなく、〔日本は〕世界各国も公理人道の敵と見なされるはずだ」[11]と喝破した。国際社会は、日本の振る舞いに怒りを抱くに違いない、とする思いを吐露する。

もちろん、その背景に蔣介石は共産党軍との内戦を控え、抗日戦争へ踏み切る時期を模索していたこともあった[12]。だが、先にふれたように、満州事変を契機にした日本軍部の台頭と日本政治の右翼化は、蔣介石の期待を阻むことになったのである。

後年、蔣介石は満州事変から錦州爆撃により国際連盟から激しい批判を受けた日本が、結局は国連脱退という行動に出たことに絡めて、以下のように記した。

日本が連盟を脱退したことの誤診—日本は中国に対し収拾のつかない情勢を作りだして了《しま》つた。そして一方友邦の勧告を拒絶し、国際連盟の決議をしりぞけ、連盟を脱退するという驚くべき行動に出た。日本自身日本に独自の立場があると説明しているが、我々局外者から観《ひ》れば独立を標榜しながら、実際には国際集団外に孤立する結果になつて了つたのだ。事実日本の立場になつて言えば、独立はよいが孤立はいけない。現在世界は国際合作の趨勢にある。どんな国でも国際集団外に孤立することを願うものはない[13]。

以上のように、蔣介石は日本の戦略的判断の過ちを鋭く指摘していた。錦州爆撃を転機に孤立への道をひた走ることになった日本と、国際社会の支持取り付けに意を砕いた蔣介石の戦略との差異が、日中対立から全面戦争へと発展していくなかで歴然となっていったのである。

国際連盟においても、日本の芳澤謙吉《よしざわけんきち》代表は、錦州での日本軍の無差別爆撃の事実を否定することはできなかったものの、外務省の早期声明を堅持し、あくまで中国側に責任を押し付ける一方だった。それにもかかわらず、錦州爆撃から盧溝橋《ルーコウチアオ》事件までの間、中国は日中和平への希望を放棄していなかった。

時間軸を少し先に進めると、例えば、一九三五年一一月一二日から二二日までの一〇日間、南京で開催された中国国民党第五次全国代表大会に於ける対外関係報告の一部には、「和平が全く絶望的でない時期は、簡単に和平を放棄しない。最後の分かれ目に至らなければ、軽々しく犠牲としない」という信条が明記されていたのである(14)。

満州事変以後、張学良の不抵抗のスタンスは堅持されていた。これまでみてきたように、蔣介石のスタンスは、近い将来における抗日戦を回避できない、とする心境にあったようだ。だが、和平への希望は完全に放棄していなかったのである。

中国が日本提訴に踏み切る

さて、時間軸を錦州爆撃の一週間ほど前に戻す。

一九三一年九月三〇日、国際連盟は日本軍の速やかな撤収を内容とする勧告案を総会ではなく理事会で決議し、事実上日本への宥和的な姿勢を示す。これはひとえに日本政府の誠意を期待した結果だった。だが、一〇月八日の錦州爆撃は、その期待を完全に裏切った。国連加盟国は、日本の行動が国際社会への挑戦だとする認識に立って、鋭く日本批判を展開する。いわば日本に対する宥和政策的姿勢から非妥協的姿勢への転換が、錦州爆撃によって余儀なくされたのである。

錦州爆撃後の中国側の反応もまた迅速だった。国際連盟理事会の中華民国代表施肇基《シージャオジー》は、一〇月一〇日、国連事務総長に書簡を送り、理事会の即時開催を要請した。その内容は、「日本飛行機は昨日満鉄付属地外にして奉天政府の臨時政府が移転せられたる錦州を爆撃し、多数の死傷者を出し財産に損害を与えた。その中には臨時政府の一時設置せられたる大学校舎を含む。事態は極めて重大で中国政府は理事会が即時平和維持の手段を講じ、連盟委員を即時錦州に派遣せんことを要請する」[15]とするものであった。

施肇基

中国政府は、アメリカやイギリスが強く日本政府に抗議していたことを歓迎し、国際連盟が日本に強く働きかけるものとの期待感を抱いた。同日、施肇基は、国連に日本軍機による錦州爆撃の実態を国連に正式に報告。国連の中国駐在員による遼寧や吉林《ジーリン》などでの調査実施を要請していた。国連はこの要請に直ちに回答し、当初一〇月一四日開催予定の会議を一三日開催に繰り上げると発表する。

ドラモンドの通告

そうしたなかで、国連事務総長エリック・ドラモンドの二回目の幣原外相宛の通告が、錦州爆撃の二日後の一〇月一〇日に発せられた。それは、事変後の事態終息を求める第一回目の通告にもかかわらず、事態が悪化の一途を辿っている現状を踏まえ、日中両国に解決のために具体的な措置を採ることを要請したものであった。これに対して日本側は、同月一三日、政府の公式見解を表明した。それは錦州爆撃をめぐる国連の要望に対し、日本の行動の正当性を訴える内容であった。

最近錦州に於て敗残軍隊を糾合して満鉄沿線の治安を攪乱《かくらん》するの策動ありとの報に接し、之《これ》か偵察に赴きたる日本軍飛行隊が中国軍隊の狙撃を受けたる結果、之に対抗して爆撃を行ひたる事実の如《ごと》き為めに新なる事態を現出したるものとする観測なきにしも非《あら》ざるべしと。(16)

ここでの中国軍隊とは張学良政権軍を指しているが、張学良は奉天《フォンティエン》が関東軍により占領されたため、錦州に政権を移動したに過ぎない。いわば撤退行動による不戦の姿勢を示したのである。部分的に自らの安全確保のために抵抗を余儀なくされた経緯はあったものの、それは「挑発」ではなく

「防衛」を目的とする抗戦であった。その内実を国際連盟は、中国側の主張で理解していた。満州事変は、明らかに中国の領土と主権を侵犯するものであり、国際連盟規約違反であったのである。

国際連盟規約の第一〇条（領土保全と政治的独立）には、「聯盟国は、聯盟各国の領土保全及び現在の政治的独立を尊重し、且外部の侵略に対し之を擁護することを約す。右侵略の場合又は其の脅威若《もしく》は危険ある場合に於ては、聯盟理事会は、本条の義務を履行すべき手段を具申すべし」とある。

中国側からすれば、関東軍の軍事行動は中国の主権と領土を侵す、侵略行為と受け取ったのである。事実、国際連盟の場で中国政府代表は、日本が主張する排日行動について、「排日運動は日本軍が支那領土を占領する限り之を取り去ること困難なり、過日の錦州事件は益々之を激成せり」[17]と発言していた。排日運動とは、祖国の主権侵害への抵抗であるとの認識を示していた。日本側は中国側の正当なる行動に、あくまで「挑発」と表現し、国際連盟規約違反の縛りから逃れようとした。「挑発」説に固執したのは、自衛論を口実とする意図があったからである。

国際連盟は、中国側の提訴を受けるまでもなく、関東軍の軍事行動が同規約第一一条（戦争の脅威）の冒頭に記された「戦争又は戦争の脅威は、聯盟国の何《いず》れかに直接の影響あると否とを問はず、総て聯盟全体の利害関係事項たることを茲《ここ》に声明す」の文言のように、錦州爆撃を含め、一連の満州地域における関東軍の軍事行動を戦争の脅威と認定したのである。

米英中三カ国に共通する日本批判の理由として、空爆が当該期における国際法に違反しているとの指摘であった。

アメリカの対日姿勢

事変勃発から錦州爆撃が強行されるまでの約三週間、国際連盟では数回の理事会が開催されていた。そこでの会議の内容に関する限り、対日姿勢は比較的に穏当なものであった

すなわち、クリストファー・ソーンが指摘するように、「日本軍の撤退には期限が付せられなかったし、アメリカ政府はこの決議を補強するような措置を何らとろうとしなかった」のである[18]。部分的であれ、日本の軍事行動を自衛権行使の範囲として捉えていた。すなわち、日本の自衛権発動の主張を一定程度容認していたのである。そのアメリカの姿勢を含め、国際連盟参加諸国の態度を一変させた契機が、錦州爆撃であった。

日本軍が錦州攻略に踏み切る予測はないではなかった。だが、関東軍の軍事行動には、日本政府もブレーキをかけるだろうと判断していた。欧米諸国は満州南部までの軍事行動に、国際連盟の常任理事国である日本が国際世論に逆らってまで国際都市錦州に攻撃、ましてや空爆を加えることはないはずとの期待感もあった。それは希望的な観測に過ぎなかった。そうした錯綜した情勢判断もあってか、関東軍が錦州という国際都市に無差別爆撃を強行したことに、国際連盟及び国際社会は大きな衝撃を受けたのである。

特にヘンリー・スティムソン国務長官は、錦州の地が日本の駐兵権が認められていた満鉄擁護地

区から遠く離れた場所であり、かつ無辜の錦州市民が犠牲となった事実に深い怒りを感じ取っていた[19]。スティムソン国務長官は直ちに駐米日本大使出淵勝次に電話で事件の報告を求めた。

スティムソン国務長官は、一〇月一一日午後七時、アメリカのエドウィン・ネヴィル駐日大使館参事官に向け、日本政府に次のような発言を伝えるように電文を発出した。その冒頭部分だけ引用する。

国務長官は、〔日本政府が〕錦州爆撃が如何に取るに足りなく、重要な事案でない、と言えるのか理解できません。日本軍当局の説明は極めて不十分と思われます。錦州は日本の鉄道地帯から五〇マイル〔約八〇キロ〕以上も離れており、中国が軍隊を維持する権利を完全に有する地域に位置しています。国務長官は、日本の軍用機が、この町の上空を飛行し、それによって攻撃を誘発し、爆弾を投下する権利があったのか、非常に困惑しています。中国側は、民間人に死傷者が出たと主張しています。防空壕もなく、警告もされていない町への爆撃は、最も極端な軍事行動のひとつであり、戦時中でさえ容認されていないのです[20]。

的を射た日本批判である。スティムソン国務長官は日本が事件を矮小化し、その重大さをことさら低位に見積もる姿勢を俎上に挙げ、批判の論陣を張った。さらに国際戦時法に照らしても、明らかな違法性を衝いた事実上の抗議文である。ここに日本批判に共通する論点が集約もされていた。

出淵駐米大使は、中国軍が錦州周辺に集結しており、この偵察のために航空機を派遣したところ、地上から射撃を受けたので応戦に及び、その結果爆弾を投下したとする内容を伝えた。この日本側の自己正当論はこれまで何度もふれてきた通りである。

これに対してアメリカ側は繰り返し、錦州上空を飛行する権利の有無、爆弾投下の権利の有無、無防備・無通告の都市を無差別に爆撃する戦争形式が大きな問題であると指摘していた。

またイギリスのルーファス・アイザック外相もフランシス・リンドリー駐日大使に指示して、事態の鎮静化を日本政府に要請するよう訓令した。

イギリスやフランスよりも、錦州爆撃に最初に最も敏感にかつ衝撃として受け止めたのは、スティムソン国務長官の行動でもわかる通り、アメリカであった。「一〇月八日、日本軍機が錦州を爆撃し、東三省全域を占領する意図が赤裸々となると、国際連盟とアメリカの態度は明らかに変わった」(21)のである。錦州の地はアメリカが関心の深い地域であり、華北地域への通過点に位置する。日本軍が中国の心臓部たる北京《ペイジン》を窺っているとの予測は十分に成り立つところであった。

国際連盟の動き

ここで、満州事変の発生から錦州爆撃までの国際連盟の動きを整理しておく。国際連盟において中国は、九月一四日の連盟総会で理事国に選出されていた。日本は常任理事国である。

中国は、九月二二日、日中紛争解決に向けた審議を行うため国際連盟理事会開催を要請し、受け入れられる。施肇基は、日本軍の侵略行為を厳しく批判し、占領地の拡大が継続されていると訴えた。これに対して芳澤謙吉日本代表は、事態を悪化させるような拡大継続の意図がないことを強調した。加えて、日中二国間での平和解決に意欲あるところを説明する。

スペインのガルシア・レルー外相は、日中双方の軍隊の撤退を要請し、同時に理事会での審議状況や関係文書を国際連盟非加盟国のアメリカに通告するとした。アメリカの介入を回避したい日本は、九月二四日、大部分の日本軍が治安維持を目的として残存する以外、鉄道付属地（原駐地）に帰隊しており、軍事占領の事実を否定する。

理事会議長がアメリカに通告した背景には、九ヶ国条約、不戦条約との関連から同条約の締約国であるアメリカにとって、重大な事案だとする判断を持っていたからである。事実、アメリカのスティムソン国務長官は、九月二二日、駐米日本大使出淵勝次に、満州事変が日中両国間の問題に留まらず、国際問題であるとの認識を示していた。このことは、先に引用した佐藤賢了の証言記録でも明らかだった。

しかしながら理事会の動きは、満州事変勃発当初、非常に鈍かったと言える。九月三〇日に開催された理事会の決議は、「緊急会合を余儀なくするが如き未知の事件が発生しない限り、十月十四日（水曜日）その時に於ける事態審査の為め更にジュネーヴに会合する」[22]とし、この間に日本と中国が事態の収拾、とりわけ日本には関東軍の軍事行動を控えるための行動を期待する声明を発表するにとどまった。つまり、連盟理事会としては、事態解決に積極的に乗り出す予定のないことを明らかにしていたのである。

こうした中で、一〇月八日に錦州爆撃が発生する。

中国側は「緊急会合を余儀なくするが如き未知の事件が発生しない限り」という付帯条件を使って、中華民国代表で国際連盟中国全権代表兼理事会理事であった施肇基が、一〇月一〇日付で連盟事務総長に南京政府の覚書を提出し、理事会の即時開催を要請。理事会もそれに応じ、開催が一〇月一三日に前倒されたことはすでに述べた通りである。

中国の提案を受けて国連理事会議長のレルーは、日中両国政府に再度事態収拾に向けて最善を尽くすべく要請を行なった。これに対して、日本政府は一〇月一二日に、満鉄及び法人の安全が確保されれば、満鉄付属地域内に軍を撤収する用意のあること、中国軍の日本軍への挑発行動が自粛されることなどの条件を満たせば日中両国間で事態解決の可能性のあることを表明した。

同月一三日に理事会が再開された。この場では中国側の日本製品購入ボイコット問題と日本軍撤退要求の二点につき議論が交わされた。こうして日本が次第に追い詰められていくことになったのである。

これ以後、国際連盟の動きのなかで、解決案として提起されたのが不戦条約であった。一〇月一七日にフランスなど不戦条約署名国は、日本と中国に同文の通牒を発出し、同条約の第二条について注意を喚起する。同条約の第二条は、各国に相互間の紛争や紛議についてその性質・起因の如何を問わず、平和的手段以外での処理または解決しないことを約束していた。そうした同条約をベースにしながら、連盟理事会は同月二四日に以下のことを決議し、投票にかけた。

すなわち「一　日本の撤退の促進と中国の日本人保護の保障、二　日中両国の事態を悪化させないとの保障、三　日本の領土的野心の否定および連盟規約・九ヶ国条約（中国の主権、独立、領土保全の尊重を規定している）の尊重、四　次回理事会開催日（一一月一六日）までの日本軍の全面撤退、五　日本軍撤退地域の授受のための日中双方の代表任命、六　日本軍の撤退終了後直ちに日中直接交渉（懸案の鉄道交渉を含む）の開始、七　一一月一六日までの理事会の延期」の七項目である。この決議案は賛成一三、反対一（日本）の結果となって可決された。

なお、施肇基は、日本が軍事行動を国際的公理に反するとして激しく批判する言論活動やロビー活動を展開した。しかし、当面は日本の軍事行動に対して不抵抗方針を示し、のちに、一九三一年一一月二五日には蔣介石の指示に従い錦州を中立区域とする提案を行なった。

施肇基の提案に対して、日本への妥協的姿勢だと中国国内では激しい反発が生じる。そのため、一二月四日には錦州中立区域案を撤回する羽目に追い込まれた。蔣介石と世論との板挟みに陥った施は、翌一九三二年一月に辞意を表明した。後任には顔恵慶《イエンフイチン》が就任する。

少し時間軸を進めれば、一九三三年二月二四日、リットン報告をも踏まえ、同様に国際連盟総会でも審議にかけられ、四二ヶ国の賛成（日本のみ反対、タイが棄権）を得て可決された。この結果を観て、翌三月二七日、日本は国際連盟の脱退を通告する（正式発効日は、一九三五年三月二七日）。

これに象徴されるように、国際連盟の対日姿勢は、満州事変直後には宥和的であったといえるものの、錦州爆撃を契機にして一気に厳しくなる。錦州爆撃の実態が明らかになると同時に、都市無差別爆撃という戦争形式が、日本政府の想像を遥かに超えて深刻な衝撃を与えていたのである。そのことをもう少し追ってみよう。

ジュネーブ駐在武官の報告と国際連盟理事会への反論

一方、国際連盟の所在地ジュネーブに駐在する日本の陸・海軍の駐在武官から、一連の国際連盟の動きについて詳細な報告が逐一陸軍中央に打電されていた。錦州爆撃が転機となって、中国側は俄然対日姿勢を硬化させていた。その様子を国際連盟帝国海軍代表者海軍大佐洪泰夫《こうやすお》武官は、以下のように伝えている。

日本飛行機の錦州爆撃事件起りし為め形勢急に逆転し、支那は理事会に対して十月十四日と予定せし期日を待たず、直ちに理事会を招集せんことを要求し、且日本が毫《すこし》も撤兵せざること、特に錦州を爆撃せしことに対し厳重に抗議し、理事会が直ちに平和確保の為に必要なる手段を講じ、且直ちに聯盟の調査委員を現場に派遣せんことを要求せり。(23)

洪海軍大佐は、これに対抗して日本は在留邦人の生命財産保護のため撤兵は認められないこと、日本軍が撤兵すれば中国側の軍隊が治安維持に当たることの危険性があること、を所見として記していた。当時、洪大佐は、中国側は日本側が「錦州を空中より爆撃するの暴挙に出で、多大の物質的損害と人命の損害を来すに至れり」[24]との日本批判を行なっており、それが国連理事会に提訴する理由だとする。

これへの対応として、日本の参謀本部は錦州爆撃後に「国際連盟の行動に関する観察」と題する文書を作成していた。その内容は以下の通りである。

国際連盟理事会が規約第一一条以外の条項適用を要求すべしとの予想をなすものあるが、従来帝国の開示したる主張を変更する何等の理由を認めない。理解が従来の決議を以て不十分なりとする最大理由は、所謂錦州爆撃事件のようであるが、之は一つの派生的事態に過ぎざるのみか、支那側の軍事行動に対する対応手段であって、帝国は理事会の決議の趣旨を忠実に実行しつつあり形勢悪化の状況を認め難い。[25]

参謀本部としては、錦州事件は中国側の軍事行動への対応であって、国際社会が求めてきた紛争回避への努力は続けてきたと主張する。そして、錦州爆撃は防衛行為として空爆を実施したにすぎないとして欧米諸国からの批判に真向から反論した。

日本政府も国際連盟の紛争解決提案に、「帝国は常に外交交渉に応ずる用意あるものであるから、此際理事会は前回の決議に留まった事態を更に静観すれば足り」と突っぱねる。その上で、「要するに錦州爆撃の報道が理事会の行動に一歩を進めしむるものとすれば、理事会が余りに神経過敏で、一些事《さじ》に軽挙妄動するものであることを警告せねばならぬ」[26]とまで記す。国際連盟理事会への歩み寄りは微塵もない。紛争解決案の提唱による事態収拾策を、「軽挙妄動」だと一蹴するのである。

錦州爆撃前後において、日本政府は一貫して、その責任を中国政府に負わせる声明を繰り返していた。

他方、中国政府は満州事変後、一九三一年一〇月一日付で日本政府に対して、「中華民国領土を破壊する挙動は、貴国軍隊が未だ徹底せざる以前に於ては、我国政府は之を制止する理由なきに付き、貴政府に於て完全なる責任を負うべきものなり」[27]と批判を行なっていた。すなわち中国政府は、国際法規違反を重ねる日本の侵略行動を正面から批判し、中国側の抗戦権の正当性を強く訴えたのである。日本の侵略行動への抵抗は、防衛権の発動とする姿勢を表明していた。従って、日本側のいう防衛のための空爆は、正当性を得ないとするものであった。

リットン報告書

国際連盟を含め、国際社会が日本に厳しい目を向けているなかで、一九三一年一二月一八日、関東軍は「遼西討伐令」を発令する。同月二一日、関東軍司令官本庄繁《ほんじょうしげる》は、第二師団、第二〇師団、混成第三八旅団、同第三九旅団及び第八師団の合計四万人を集結させ、錦州陥落を目途として、営《イン》溝《ゴォウ》、北寧、大通《ダアートォン》の三つの鉄道沿線に沿って、錦州及び西の東北国境警備軍に総攻撃を開始した。この日、東北民衆の義勇軍第八路は、大通線銭家荘《チィエンヂィアチゥアン》付近で日本軍と衝突し、甚大な被害を受けながらも日本軍の前進を阻んだ。

しかし、一九三二年元旦、日本軍は錦州総攻撃を決定する。二日未明、四機の日本軍戦闘機が錦州を爆撃。日本軍の第八混成旅団は大凌河《ダアーリィンフゥー》を渡り、東北軍騎兵第三総隊が抵抗するも、錦州城内に撤退。その後、錦州城内の東北国境警備軍守備隊が西に撤退し、錦州は陥落する。三日午前一〇時、日本の第二〇師団第三八混成旅団が錦州に入った。

こうした関東軍の動きにスティムソン国務長官は、四日後の七日付で、一九二八年八月二七日の日中・日米同盟国パリ条約の条項と義務における中華民国の主権、独立または領土及び行政の完全性、通称門戸開放政策などを基底した条項と責任に違反する行為だと断じた。

そして、関東軍の行動及び日本政府の一連の行為を承認できないとする、所謂「不承認主義」の立場を明確にした。

そして、錦州爆撃からおよそ一年五ヶ月後の一九三二年一月一四日、理事会は、イギリスのヴィクター・リットン卿を団長とする「国際連盟日支紛争調査委員会」（通称、リットン調査団）を承認した。リットン調査団の一行は、二月二九日に横浜に到着、東京で日本政府関係者及び陸軍中央幹部たちと面談。その後中国及び満州事変勃発の地である柳条湖付近の満鉄爆破事件などを調査し、七月四日、再度東京入りする。一〇月一日、調査結果は国際連盟に「国際連盟調査団報告書」（通称、リットン報告書）として提出し、日本外務省は一〇月二日に公表するに至った。

リットン報告書の内容を簡単に記しておく。[28]

リットン報告書は、全体として日本の満州経営の成果を一定程度評価し、在満州日本人が中国政府により安全が充分に確保されていない、と述べる。その一方で満州事変における関東軍の行動を自衛的行為とは言い難いこと、満州国の独立は認め難いとする。その上で日中両国紛争解決への努力を強く求める内容であった。全体としては日本に宥和的な結論とも言い得るものであった。

リットン調査団は、報告書で、再び日本軍の錦州空爆を非難したが、日本が国連に対して行なった際の弁解も否定した。

ここで、リットン報告書において錦州爆撃に関する記述を引用しておこう。そもそもリットン調査団は、関東軍が馬賊や敗残兵と呼ぶ抗日運動への対応上、軍事行動を抑える意向であったにもかかわらず、新たな軍事行動を起こしたとの主張にふれた後、次のように記している。


十月八日の錦州爆撃なるが同地は九月末張学良が遼寧省政府を移転せる処なり。日本側の云ふところによれば、爆撃は主として政庁事務所の設置されたる兵営及交通大学を目標とせる由なるが、兵力により政庁を爆撃するは正当とすることを得ず、且又爆撃区域が事実日本側主張の如く制限されたりや否や疑問の余地あり。[29]

報告書は錦州爆撃が現行の国際法の観点から不当であると断定したのである。その理由として、軍事目標としての兵営には爆弾は投下されず、病院や大学建物などが被弾したと記す。

こうした報告書の内容に対し、日本では反論を展開する著作が相次ぐことになる。その代表事例として、ジャーナリスト出身で衆議院議員も務めた神田正雄《かんだまさお》が出版した『リットン報告書全文解剖』（海外社、一九三二年）がある。

神田は、リットン報告書の引用した部分について以下のように反論を述べる。

支那政府の名誉顧問ルイス氏の報告のみを基礎として即断して居る如き、これまた片手落の甚だしいもので、益々もつて本報告書の価値を疑はしめるものがある。第一に支那側の報告には、日本側は爆撃機を使用したと記載して居るが、当時の日本飛行機は、全く偵察用のものに外ならなかつたのであり、従つてその爆弾の威力も少なかつたことは事実である。第二に交通大学を爆撃せる点に非難を加へ居る如きも、当時同大学が正しく張学良軍の軍事司令部であつた事実からすれば、之を目標とするのは当然の事である。第三に日本飛行機は、支那側より何等抵抗を為さざるに爆撃を加へたる如く唱導するも、偵察機に銃弾を受けたる証拠ある以上は、否定の出来ない事実ではないか。かくの如くにして軍司令部が攻撃を受けるは当然である。(30)

リットン報告書は、日本への批判だけに終始したものでは決してなかったものの、日本政府はこれに猛烈に反発し、世論も国際連盟の動きに怒りが渦巻く事態となった。それがしばらくの時を経て、国際連盟脱退通告へと結果する。その経緯は既述の通りである。

こうして錦州爆撃を起点として国際社会との摩擦が全面化していく。錦州爆撃は日本の孤立と中国への一層の軍事攻勢の一大契機となっていったのである。

錦州爆撃擁護論

リットン報告書の公表を契機に、関東軍の行動を統制しきれなかった陸軍中央だけでなく、それまで比較的穏健な外交方針で臨んでいた民政党でさえ、その外交方針を硬化させ、国連批判の方向に舵を切る。錦州爆撃への国際連盟や国際世論の批判が、その契機となった点は注目される。

例えば浜口雄幸《はまぐちおさち》内閣の外務政務次官であった永井柳太郎《ながいりゅうたろう》は、錦州爆撃に関する見方として、錦州付近に約二万人の中国軍が集結しており、これが満鉄を攻撃すれば在満邦人に深刻な危機をもたらすがゆえに、これを防ぐために行なったのが錦州爆撃であったという。従って、国際連盟は錦州爆撃など日本の攻撃を侵略行為と断定するが、永井は自衛行為であるとし、日中衝突の原因を日本に求めようとするのは誤りだと主張する。(31)典型的な自衛論である。

永井は陸軍の主張に便乗した格好で、日本批判を強める国際連盟の在り様を批判する。永井に代表される強行論が台頭していた民政党は、従来の主張であった日中の相互理解による「共存共栄」の建前が影を潜め、代わって錦州爆撃を「極く軽少な事」とするなど、軍事作戦の拡大を追認し、国際連盟に対する批判を強めていく。

また一九二七年から国際連盟事務局次長を務めていた元外交官の伊藤述史《いとうのぶふみ》は『連盟調査団と前後して』の中で、以下の認識を示す。

日本の議論は相当複雑でありますが、支那側の議論は極く簡単でありまして、問題は日本が満鉄の鉄道付属地外に出した兵隊を付属地内に引揚げて貰ひたいといふ希望の一点張りで議論して来たのであります。日本と致しましては満州は日清日露両度の戦争をなし、国運を賭して争った土地でありますから重大なる利益を有って居るといふことは明瞭でありますが、その利益保護といふ必要から日本の軍隊は行動したのでありますからして、その目的が達せられない間は撤退といふやうなことは全然出来ないのであるといふことを主張した次第であります。(32)

当時にあって経験豊富な外交官として知られた伊藤ではあったが、この認識は日本人として記憶に刻まれた心情を語り得ても、日本が中国と交わした駐兵権の条項や国際法に照合しても極めて非合理的な内容と言わざるを得ない。ここに示された認識は、日本政府及び日本の世論に共通するものであったことは間違いなかった。

すでに国際政治の動向に通じているはずの外交官であっても、日本の満州事変以降の立ち位置については冷静さを欠いていく過程にあった。伊藤の記述はその証左であった。

こうして欧米諸国の日本に対する不信は、次第に決定的となっていく。それ以上に日本と中国との関係も和解や改善が不可能となるほど軋轢《あつれき》が深まる一方だった。満州事変の処理過程で生じた日中間の軋轢は、錦州爆撃をめぐる双方の見解に埋め難い溝をつくり上げていく。わずかながら残されていると思われていた日中和平の可能性も遠のくばかりだった。そこで決定的な契機となったのが、やはり錦州爆撃だったのである。

注

（1）原田熊雄『西園寺公と政局』二、岩波書店、一九五〇年、九一頁。
（2）若槻礼次郎『古風庵回顧録』読売新聞社、一九五〇年、三七九〜三八〇頁。
（3）同右、三八〇頁。
（4）枢密院「満州事変ニ関スル報告　昭和六年一〇月二八日」（国立公文書館蔵『枢密院関係文書』JACAR：A03033725400、画像頁なし。以下の引用も同様。同資料からの引用は全て頁無し。原文は片仮名）。
（5）外務省外交史料館蔵『戦前期外務省記録　満洲事変（支那兵ノ満鉄柳条溝爆破ニ因ル日、支軍衝突関係）／輿論並新聞論調／輿論啓発関係』第一巻・昭和六年一〇月二九日から昭和六年一一月一一日、JACAR：B02030275600、画像頁〇一九二。
（6）浮田和民『満州国独立と国際連盟』早稲田大学出版部、一九三二年、一七頁。
（7）参謀本部作成「満州問題ニ関スル「アドバタイザー」紙ノ論説」（防衛研究所『陸軍一般史料　他』昭和六年一〇月一六日、JACAR：C12120040700、画像頁〇〇三八）。

(8) 同右、画像頁〇〇四二—〇〇四三。

(9) 黄仁宇『蔣介石—マクロヒストリー史観から読む蔣介石日記』東方書店、一九九七年、一一四頁。

(10)『蔣介石秘録』第三巻、湘南人民出版社、一九八八年、一三〇頁。原文中国語。

(11) 秦孝儀主編『總統蔣公思想言論總集』第一〇巻〔演説〕、中央文物供應社、一九八〇年、四六八頁。原文中国語。

(12) 同右。

(13)『敵か味方か—蔣介石総統の対日言論』(『東亜問題史料叢書』一)東亞出版社、一九五二年、三七頁。

(14) 前掲『蔣介石』、一一五~一一六頁。

(15) 国際連盟事務局東京支局編『国際連盟理事会並に総会における日支紛争の議事経過詳録』一、国際連盟事務局東京支局、一九三二年、三二頁。

(16) 松原一雄『満州事変と不戦条約・国際連盟』丸善株式会社、一九三二年、五一頁。

(17) 陸軍省新聞班編刊『国際連盟に於ける満州事変経過の概要』、一九三一年一〇月二八日付、二一頁。

(18) クリストファー・ソーン、市川洋一訳『満州事変とは何だったのか—国際連盟と外交政策の限界』草思社、一九九四年、一八〇頁。

(19) 池井優「満州事変とアメリカの対応—スティムソン国務の対日政策」(慶應大学法学研究会『法学研究』第三九巻第一〇号、一九六六年一〇月、六三頁)。

(20) 米国国務省歴史局『一九三一—一九四一 日米関係に関する文書』一。(https://history.state.gov/historicaldocuments/frus1931-41v01/d20)。原文は以下の通り。"The Secretary of State cannot understand how the bombing of Chinchow can be minimized or how it can be said to be of no importance. The explanation given by the Japanese Military authorities seems quite inadequate. Chinchow is more than 50 miles from the Japanese Railway Zone and is situated in territory

where the Chinese have an entire right to maintain troops. The Secretary of State is at a loss to see what right Japanese military planes had to fly over the town, thereby provoking attack, and to drop bombs. Casualties among civilians have been asserted by the Chinese to have taken place. Bombing of an unfortified and unwarned town is one of the most extreme of military actions, deprecated even in time of war."（US DEPARTMENT OF STATE OFFICE OF THE HISTORIAN PAPERS RELATING TO THE FOREIGN RELATIONS OF THE UNITED STATES, JAPAN, 1931-1941, VOLUME I, pp21-22).

(21) 熊沛彪「九一八事変とワシントン体制の動揺—日本の東アジアにおける政戦略の変化を中心として」（『軍事史学』第三七巻第二・三合併号、通巻二四六・二四七号、二〇〇一年六月、一七一頁）。熊沛彪は、当時中国駐日関係史学会常務理事、中国日本史学会常務理事、南開大学兼任教授。

(22) 国際聯盟事務局東京支局編刊『国際聯盟理事会並に総会に於ける日支紛争の議事経過詳録』第一～三、一九三二年、三三二頁。

(23)「昭和六年十月自十三日至二十四日　満州事変に関する臨時理事会経過報告並所見」（防衛省防衛研究所蔵『国際事件　臨時理事会経過報告並所見』海軍省公文備考T巻7　事件災害（7）海軍大臣官房記録　昭和6）。JACAR：C05021903900、画像頁〇二六五。

(24) 同右、画像頁〇二六七。

(25) 参謀本部第二課「国際連盟ノ行動ニ関スル観察　昭和六年一〇月一四日」（防衛研究所蔵『陸軍一般資料』JACAR：C12120040800　画像頁〇〇四六）。

(26) 同右、画像〇〇四六—〇〇四七頁。

(27) 外務省情報部編『満州事変及上海事件関係公表集』外務省情報部、一九三四年、一八頁（「五、満州新政権ニ関スル日華間口上書」）。

(28) 調査団のメンバーは、リットン（枢密顧問官）の他に、アンリ・クローデル（フランス、陸軍中将）、ルイージ・アルドロヴァンディ・マルスコッティ（イタリア、外交官）、ハインリッヒ・シュネー（ドイツ、国会議員）、フランク・ロス・マッコイ（アメリカ、陸軍少将）の五名である。これに参与委員として、吉田伊三郎（日本、外交官）、顧維鈞《グーウェ》（中国、外交官）が加わった。

(29) 国際連盟支那調査委員会編『リットン報告書（和文）』（『中央公論』一九三二年一一月号別冊付録、八六頁）。

(30) 神田正雄『リットン報告書全文解剖』海外社、一九三二年、一一七頁。

(31) 中村勝範『満州事変の衝撃』勁草書房、一九九六年、一四頁。

(32) 伊藤述史『連盟調査団と前後して』共立社、一九三二年、一八頁。

第五章　都市無差別爆撃への着目

第五章　都市無差別爆撃への着目

錦州《チンチョウ》爆撃は、戦時国際法上において空爆の脅威への対策として空戦規制問題が浮上する契機ともなった。空戦規制のなかに空爆規制が主要な課題として設定されていく。本章では錦州爆撃を挟み、空爆規制をめぐる関係国間の動きを追う。各国の思惑が錯綜し、実定法として戦時国際法の成立は困難を極めた。

空爆規制問題の最大の焦点は、「防守せざる都市」の設定である。換言すれば、空爆を含めた陸上や海上からの攻撃が国際法から合法とみなされるには、攻撃対象地域が「防守されていること」を条件とする。つまり、攻撃への反撃を可能とする軍隊や軍事施設があることを意味するが、それ以前の問題として、何をもって軍事施設とするかの判断は容易ではない。

軍事施設と非軍事施設の線引きが困難である理由として、攻撃側は攻撃を正当化するために、往々にして恣意的な判断を下すことが挙げられる。すなわち、攻撃対象地域が「防守されていない」実態があっても、何らかの理由で「防守されている」と恣意的に判断することにより、その「防守されていない」都市への攻撃が合法であるという認識が生まれることになる。

民間施設や生活インフラが、軍事関連施設であると広義的に解釈され、軍事目標として設定されることになる。実態が正しく判定されず、結果的に「防守せる都市」として、攻撃や砲撃の対象とされるのである。また、空爆や占領を目的とする軍事行動に最初から降伏の意思を戦争相手に示す場合は別として、侵略を受け、市民の生命財産が脅かされ、インフラを破壊される現実を目の前にすれば、抵抗意思を表明し具体的な行動を取るのが通常であろう。そうなると「防守せる都市」と解されて空爆や砲撃の対象となるのである。

このように厳密な意味での「軍事目標」の位置づけは簡単ではなく、無差別爆撃は、最終的には恣意的な解釈の中で、「防守せる都市」として爆撃が強行されるのである。爆撃を被る一般市民の側からすれば、「防守」の有無に関係なく爆撃されることを無差別爆撃と呼ぶ。こうした問題は現在にまで続く議論だが、「無防守都市」の規定を厳密に実施することと、軍事目標主義の徹底化を図ることが求められよう。本書の結論の章として、こうした問題についてふれていく。

1　空爆規制問題

空爆規制の国際条約

一八世紀後半から始まる空爆兵器の登場は、戦場の拡大に繋がっていく。航空機が兵器として多用されるに従い、被害も大きくなっていった。一定程度の成果が戦場で得られるや、ヨーロッパのいくつかの国が交戦において、風船や気船に爆発物を載せ、空爆する方法が採用されていくことになる。空中の戦場化は、空爆下の人々に深刻な破壊と恐怖を与えていく。そこから無制限状態にあった空爆を規制しようとする動きが出てくる。

その嚆矢は、一八九九（明治三二）年五月に開催された第一回万国平和会議（通称、ハーグ会議）である。これには日本、清国を含め二八ヶ国が参加した。当時の戦争では、既に風船や飛行船から爆発物を投下する方法が採られるようになっていた。そこでハーグ陸戦法規が採択され、爆発物を投下することを禁止すると明記された。この条項の有効期限は五年とされ、一番早い空中爆発物禁止の国際法規となったのである。

続いて一九〇七年六月には、アメリカの国務長官ジョン・ヘイの提唱で第二回ハーグ会議が開催され、四四ヶ国が参加する。会議ではハーグ陸戦法規の改定が審議され、空爆に関する規定としては第二五条（防守されない都市の攻撃）で、「防守せざる都市、村落、住宅又は建築物は、いかなる手段に依るも、之を攻撃又は砲撃することを得ず」（傍点引用者）とされた。つまり、「いかなる手段」のなかに空爆も含意されている、と解するのが自然とされた。空爆行為への恐怖心と警戒心がいかに大きかったかが窺い知れる。

また、海軍爆撃制限規則が制定され、海上飛行機の戦時中の行動を制限する規定も検討された。そこでは明確な規定の決定までには至らなかったものの、軍事関連施設を軍事目標とみなし、それのみを爆撃対象に限定するとの判断で一致する。

この判断には、多くの国際法学者たちが支持していた。航空機の発展に伴い、空爆被害の甚大化が予測されるに至り、空爆規定の必要性が説かれたのである。

この一定の空爆規制に賛同した国はイギリス、アメリカ、オーストリア、ベルギー、ブルガリア、ギリシャ、ノルウェー、オランダ、スウェーデン、トルコなどであった。他方でドイツ、ロシア、イタリア、日本、スペインなどは署名しなかった。この中で当時、強大な航空兵力の建設配備を進めていたフランスは、軍事目標に限定しての空爆容認を強く主張していた。

その後、急速に発展する航空機の兵器化に各国が鎬を削る事態を反映して、一九一一年にスペインのマドリードで開催された国際法学会で、イギリスのコーン・ウォールとウェスト・レークの二人の著名な国際法学者によって、航空機の戦場での使用を禁止する提案がなされた。しかし、これも結局は否決されてしまう。

世界的な軍縮の動きと空戦法規

こうした空爆規制への関心が高まる一方で、一九一四（大正三）年から始まる第一次世界大戦では、潜水艦や戦車が戦場に登場したのと同様に、航空機も本格的に出撃して空爆を敢行する。第一次世界大戦の参戦国のうち、ドイツ、ロシア、フランス、イタリア、スペインはハーグ宣言に署名していなかったこともあって、空爆戦術を多用することになる。

袁成毅《ユァンチァンイー》の「日军空袭锦州与国际社会反响再探讨（日本軍の錦州空襲と国際社会の対応についての再検討）」によると、第一世界大戦中にドイツ軍は、パリに三二回の空爆を敢行し、二六六名の死者、六〇三名の負傷者を出したとしている。[1] 更に一九一七年五月二五日から重爆撃機のゴータ（GothaG.IV）の投入を開始し、六月一三日には一八機のゴータがロンドン空爆を敢行した結果、一六二名の死者、四三二名の負傷者を出した。ちなみに、ゴータは爆弾を一六発（合計で五〇〇キログラム）搭載可能であった。

こうした空爆の事実が、ベルサイユ講和条約でドイツに対し、無差別爆撃への処罰とドイツの空軍戦力保有の全面禁止を講和条約に盛り込まれる背景となった。陸上兵力が制限されたといっても、一〇万人まで許容されたのと大きな違いがあった。それだけ空爆の脅威が、大きかったことを意味していた。

第一次世界大戦の惨禍の大きさは国際平和実現に向けての国際組織の設立を促すことになる。その結果として、一九二〇年一月二〇日に国際連盟が設立される。

同時に世界的な軍縮の動きも顕在化し、一九二一年から二二年のワシントン軍縮会議、一九二七年のジュネーブ海軍軍縮会議、一九三〇（昭和五）年のロンドン海軍軍縮会議と相次いで軍縮が実現する。こうした軍縮の動きと同時に、空爆規制への動きが起こる。

一九二二年のワシントン軍縮会議の場で空戦法規の制定が検討され、同年末、オランダの都市ハーグに日本、イギリス、アメリカ、フランス、イタリア、ドイツ、オランダの各国代表団が集まり、協議が重ねられた。

この法規案について、特に本章で扱う内容に関連する条文が第二四条の第三項と第四項である。以下に引用する。

第三項　陸上軍隊の作戦行動の直近地域に在らざる都市、町村、住宅又は、建物の爆撃は之を禁止す　第二号に掲げたる目標（軍事目標を指す）が普通人民に対し無差別の爆撃を為すにあらざれば、爆撃することを能《あた》はざる位置に在る場合には、航空機は爆撃を避止（abstain）することを要す

第四項　陸上軍隊の作戦行動の直近地域に於《おい》ては都市、町村、住宅又は建物の爆撃は兵力の集中重大にして爆撃に依り普通人民に与ふべき危険を考慮するも、尚爆撃を正当ならしむるに充分なりと推定すべき理由ある場合に限り適法なりとす(2)。

以上の空戦規定案については、イギリス、日本とオランダは賛成せず、正規の実定法とはならなかった。

これについて日本は主要国が空戦法規案に賛成している以上、正規の国際法とはならないが、いわゆる慣習法として一定程度の規制力を発揮する、との見解を示した。

例えば、二〇一七（平成二九）年の「重慶《チョンチン》大爆撃訴訟」における東京高等裁判所の「判決文」に

は、以下のような文面が記載されている。

重慶爆撃当時、空戦規則案は条約化されていなかったが、国際慣習化されていた。重慶市及び四川省各都市は空戦規則で定める無防備都市であり、重慶大爆撃は、市街地域への無差別爆撃であるから、当時の国際慣習法に違反する。(3)

この判決文は、実定法でないのだからといって無視して良い訳でないことは明らかであり、いわば慣習法として、人道上の見地からすれば、当然に空爆が規制の対象のなかにある戦術であると判断することを示している。ただし、実定法ではないため、空爆を行なった国家を違法行為として糾弾し、賠償を求めることは不可能ともしている。このように、空戦法規には拘束力の点では限界があったのである。

なお、戦前においては法曹界を中心に空戦法規をめぐる論争は活発であり、数多の著作が出版されていた。

例えば、泉哲『国際法問題研究』(巌松堂書店、一九二四年)では、「一七　空戦法規私見」(二〇頁)で自らの見解を示しており、楢崎敏雄『航空政策論』(千倉書房、一九四〇年)では「空戦法規論」(九五頁)を、神川彦松・横田喜三郎『国際条約集』(岩波書店、一九四一年)では「空戦　空戦法規」(二八五頁)が論じられていた。(4)

これらの著作はいずれも欧米が進める空戦法規案に積極的な支持を表明したものであり、戦争の脅威を可能な限り緩和する方向で、法曹界としても一定の役割を果たすべきだとする使命感を抱いていたのである。

この空戦法規は、一九二四年にストックホルムで開催された国際法協会[5]の場で、「交戦国の一方の軍隊が都邑《とゆう》を占領する目的を以て攻撃し、而して都邑が此攻撃に抵抗する場合には、攻撃軍は砲撃の補助として其の空軍を使用するを防げず」[6]と改定された。もともと空戦法規案自体は、国家間の条約ではなく、国家に対する拘束力を保持しないものであった。

何をもって「防守」されたか否かの線引きは簡単でなく、曖昧さが残されていた。その曖昧さによって、恣意的に「防守せる都市」と認定される余地を多分に残すことになる。言いかえれば、空爆の対象か否かは、空爆する側の判断に委ねられるケースが常態化することを意味する。結局のところ、空爆する側の一方的な判断により、空爆が自在に強行されることになる。

矛盾する空爆規制問題

一九二〇年代の軍縮と平和の流れは、一九三〇年代以降の世界ファシズム思潮の展開に従い勢いを次第に失っていく。そこでは、戦闘方法をめぐる規制への関心、あるいは国際法や国際世論の動きを無視ないし軽視する風潮が横溢《おういつ》していく。

換言すれば、第一次世界大戦の教訓として派生した反戦の思潮が後退し、戦争への肯定感が表出する時代となってきたのである。ややステレオタイプの物言いであるが、一九二〇年代を平和主義と民主主義の時代とすれば、一九三〇年代はファシズムと国家主義の時代といえようか。錦州爆撃もその転換点に位置していたことになる。

軍縮時代の一九二〇年代から、軍拡時代の一九三〇年代への転換を迫ったものこそ満州事変であったのである。軍縮から軍拡への転換は決して日本だけの事態ではなかった。それで軍拡の時代への転換を阻むため、先に国際軍縮会議準備会が発足する。(7)

そこでは、日本の錦州爆撃が俎上に挙げられ、それまで活発に議論が行われていなかった都市空爆禁止の課題が再び浮上してきた。日本陸軍は、一連の軍縮会議対策として都市空爆禁止の提案を支持してきたが、錦州爆撃はその方針を自ら否定するに等しい行動として、各国から批判の対象となったのである。

日本軍の錦州爆撃以後、国際社会では空戦をめぐり、特に一般市民への空爆禁止が促されることになる。そこで、一九三二年七月一三日、国際連盟の軍縮会議委員会は決議を採択し、各締約国は各国間で空爆を禁止する約束を取り交わした。ところが、関係各国は過剰な空爆制限規定の存在が、自国の軍事航空の発展に多くの障害を招来するとして、空戦規定に消極的姿勢を貫くことになった。

要するに、各国とも空爆被害を回避したいと望む反面で、自国の航空戦力の充実にブレーキがかかることを警戒したのである。この相矛盾する判断が空爆規制厳格化の阻害要因となった。それゆえに、事実上の空爆規制は実を結ばなかったといえる。結局、慣習法の域に留まり、実定法としての具体化が進まなかったのである。(8)

事実、各国は率先して空爆規制の具体化を回避する手を打った。それもあってか、都市無差別爆撃として厳しく批判された日本軍の錦州爆撃は、時代が下るとともにトーンダウンしていったのである。

軍縮断行のなかで──軍縮に後ろ向きだった参謀本部

次にこのような流れの中で日本はどのような姿勢だったのかをみる。

世界的な軍縮の動きに呼応するかのように、日本でも山梨半造《やまなしはんぞう》陸相は、一九二二年八月一〇日に「陸軍軍備縮小案」を発表し、将校一八〇〇名、准士官以下五万六〇〇〇名、馬四三〇〇頭、経費三五四〇万円の節減を断行した。さらに翌年四月にも第二次軍備整理を進めた。第一次世界を教訓とする反戦意識の昂揚と国内における政党政治の伸長により、軍縮気運を背景としたものであった。同時に総力戦の時代にあって軍備の近代化も要請されていたのである。文字通り、軍縮の時代の軍近代化は、総力戦時代にも適合する選択であったのである。

日本では山梨陸相を継いだ宇垣一成《うがきかずしげ》陸相が、一九二三年八月に「陸軍改革試案」を作成し、一九二五年五月には四個師団の廃止、連隊司令部一六個などの廃止などにより、兵員三万八八九四名、馬四〇八九頭が整理されることになった。(9)

こうした国内外の軍縮の流れと政党政治が勢いを増す中で、これに危機感を抱く軍部内急進派や政党政治に批判的であった政治家たちが、中国への圧力を強め、軍部の活躍の場を求めていたのである。そうした動きが満州事変を後押ししたのであった。

日本の参謀本部は、一九三二年から開催されたジュネーブ一般軍縮会議に向けて、それ以前の一九三〇年八月、参謀本部第二部の下に国際軍備研究委員会を発足させていた。委員長は満州事変でも重要な役割を果たすことになる建川美次《たてかわよしつぐ》である。

具体的には、同年八月一八日に開催された陸軍省・海軍省・外務省の三省による連合協議会の場において、今回の軍縮会議は先に開催された一九三〇年のロンドン海軍軍縮会議のように、補助艦の量的削減を目的としたものではなく、現状維持を確認する協定とする位置づけが確認された。すでに陸軍も海軍も軍縮の実行には、完全に後ろ向きであったのである。

ジュネーブ軍縮会議では、「都市空中爆撃禁止の全権訓令は一般方針を示されたるものと解釈し軍事上の例外を設くる範囲に関して協定の上更に報告す」(陸軍大臣宛在ジュネーブ　建川少将電報昭和七年三月三日付)[10]との記録があるように、同軍縮会議では空爆の是非及び制限に関する課題も俎上に挙げられていた。錦州爆撃が強行される以前から空爆規制問題は、陸軍内部では重要問題として国際連盟の動きを含めて対応策が練られていたのである。

つまり、陸軍は国際連盟の「都市空中爆撃禁止」の動きを踏まえ、その例外規定の行く末を注視していた。いわゆる建前と本音の探り合いが、日本を含めて欧米諸国間で始まっていたのである。

そうした最中にあえて錦州爆撃に踏み切った日本陸軍の判断は、先に既成事実を作り、たとえ空爆禁止を明示した国際法が成立したとしても、例外規定づくりの布石を打っておきたいとする判断があったのかも知れない。錦州爆撃の立案者にして実行者となった関東軍参謀の石原莞爾《いしはらかんじ》中佐と、参謀本部第一部長建川美次少将の深い連携があったことも知られている通りである。

そうであれば、錦州爆撃は周到に準備された、もう一つの謀略であったといえよう。国際連盟における軍縮を求める動きに対抗して、国際世論をも射程に据えた建川美次を始めとする陸軍中央の幹部と、石原莞爾を中心とする関東軍参謀たちとの合作としてあった。

建川は錦州爆撃の二ヶ月前の一九三一年八月、参謀本部第一部長の職に就任している。本書で繰り返し強調してきたように、錦州爆撃こそ日本の孤立と、さらなる戦争へと突き進む重大な起点となったのである。

2　無差別爆撃正当化の論理

東京裁判での石原証言

果たして錦州爆撃が無差別爆撃であったか否かについては、戦後においても様々な議論がある。

錦州爆撃を肯定する者は、爆撃に直接間接に関わった旧軍人、そして日中戦争を侵略戦争と判断しない人たちである。

その代表的人物として、東京裁判に出廷した満州事変の首謀者とされる石原莞爾は、極東国際軍事裁判（東京裁判）で錦州爆撃について、次のような証言を行なっている。石原自身だけでなく当該期日本政府及び軍部関係者に共通する認識が示されていると思われる。少し長いが、以下に引用しておきたい。

十月八日、錦州方面の爆撃でありますが、これは当時満州方面を占拠していた東北軍の状況を偵察するために八八式偵察機六機、押収ポテー機五機を以て該地域付近を偵察せしめたところが応射を受けたので、自衛上その軍政庁舎である交通大学及び二八師の兵営並びに張作相《チャンズオンシアン》の私邸などに約七十発の爆弾を投下したに過ぎません。ところがこの爆弾は七センチ級山砲位の大きさでありましたが、完全な爆弾装置が無く手で投げたようなあんばいで多少の弾丸が他に散ったかもしれませんが、しかしこれは前欧州大戦に於てドイツ空軍が行ったロンドン爆撃、或《ある》いは今次戦争におけるアメリカのB29などの日本都市爆撃とか、広島、長崎における原子爆弾投下の惨害に比較したならば、ほとんど問題にならない程度であったと確信します(11)。

戦後の東京裁判での証言でもあり、自らに不利な証言は回避していることは明らかだが、軍事目標に限定しての空爆だとする主張を崩していない。空爆規模を第二次世界大戦期におけるアメリカやドイツの大規模な空爆とあえて比較し、錦州爆撃の規模の小ささをことさら強調し、責任回避を試みているのである。

　石原自身、錦州爆撃の程度問題をドイツ空軍との比較の中で過少に見積もる見解を述べているものの、それが無差別爆撃か否かについての認識を示してはいない。はたして爆撃を指揮した石原に無差別爆撃という認識自体があったかどうかは疑わしい。おそらくは、そうした認識はなかったのではないか。軍事的かつ政治的な目的を達成することに主眼が置かれ、爆撃の形式が無差別爆撃か選別爆撃かについては、石原の認識の外にあったのではないだろうか。

　ましてや戦後において無差別爆撃が戦争犯罪とする認識が生まれてくる中で、石原が指揮した錦州爆撃自体も戦争犯罪に相当するとは考えもしなかったであろう。しかしながら、一九二〇年代に処罰を伴う実定法として成立をみなかった空爆法規だとしても、慣習法として人道的な見地からも無差別爆撃の犯罪性については、当然に議論の対象とすべきであろう。

　錦州爆撃の問題は、その規模と犠牲の結果だけでなく、既述した横山臣平《よこやましんぺい》の証言でもあったように、日本政府の不拡大方針を放棄させ、国際連盟をも挑発して日本の軍事行動に正当性を得ようとする企図から出た行為であったことにある。たとえ目的が何であっても、行為自体を遡及して犯罪性を問うことは、過去は裁くことが困難だとしても、現在と未来の抑止には成り得るであろう[12]。

無差別爆撃肯定論

そうした空爆規定の動きのなかで、一九三〇年代初頭に日本軍が軍事目標主義を無視した錦州爆撃を強行した事実に遭遇するや、国際社会は日本に対して一段と厳しく反発することになる。空戦法規に絡めて欧米諸国は、日本の錦州爆撃が都市無差別爆撃だと批判した。その根拠を同法規に沿っていうとどうなるだろうか。

この点に関連して、楢崎敏雄『空中戦争論』を参考にして検討したい。

楢崎敏雄《ならさきとしお》は一八九九（明治三二）年のハーグ宣言では非防守都市への攻撃は禁止となったが、一九〇七年開催の第二回ハーグ会議では、「陸戦条規」第二五条で空爆を前提にして「如何なる手段に依るも」（by any means whatever）の文言を入れ、非防守都市への攻撃爆撃を禁止するとした[13]。ところが海戦や陸戦とは異なる空戦では、既成の防守の観念とは別次元での「防守」の再検討が行われた。そこでは被害の深刻化と被害領域の拡大化という空戦固有の問題に絡め、軍需工場や軍事基地施設などの軍事目標を対象とする、いうならば限定的空爆の是非をめぐる検討が開始される。そこで案出されたのが「軍事目標主義」であった。

つまり、「防守都市」と「非防守都市」との峻別は極めて困難だとし、「非防守都市」と自己規定していても、敵側からすれば軍事関連施設や軍事力を担保する施設が存在し、さらには「非防守都市」に護衛のための空軍機が援軍として飛来した段階で、「非防守都市」から「防守都市」に瞬時に変容することもあり得るとした。

空軍を第一次世界大戦で戦場に投入した参戦国は言うに及ばず、新たな戦術として空爆効果が認知され始めたこともあり、関係諸国は空爆規定の厳格化に消極的となったことは、楢崎の指摘を待つまでもない事実であろう。

楢崎は、他にも『空中戦の法的研究』の書を著し、「所謂無防備都市とは何ぞや」の小見出しにおいて、「『防備のないこと』の意味は『抵抗しないこと又は抵抗しようとする状態を示していないこと』と解釈すべきものである」[14]と論じた。この定義について、賛否両論があることを紹介しながら、要するに純粋な意味での「無防備都市」は存在せず、攻撃回避を求めるならば敵方に降伏するしかない、とする結論を導き出している。

こうなると陸戦規定第二五条の「如何なる手段によるも」(par quelque moyen que ce soit)との規定が効力を発揮しなくなる。どのような都市であっても、一定の人口と産業を有すれば、広義における軍事関連施設が全く不在と判断することは困難だからである。

この議論をそのまま進めていくならば、あらゆる都市を「防備都市」と恣意的に認定して空爆を正当化していくことになってしまう。楢崎の主張には、その意味で日本政府や陸海軍部に有利な論議を提供したものである。

楢崎敏雄に代表される日本の有力な国際法学者の多くが、空戦法規の規定自体は是とした。楢崎は欧米の国際法学のなかに軍用航空機使用を禁止するフォン・バール、アルベリック・ロウランなど国際法の提唱者の見解を紹介しながら、肯定論者をも引用紹介することで、事実上の空爆肯定論を論じていった。

例えば、軍用航空機使用について、スペイトが「学者は如何様に論じようとも航空機の軍用を禁止するのは、一場の美しき夢に過ぎず」との発言を紹介し、地雷や水雷などが航空機に劣らない破壊兵器であること、航空機が兵器として有力であること、などの肯定論の主張に寄り添う論者の説を紹介している(15)。

錦州爆撃を肯定する

再び錦州爆撃の時期まで時間軸を戻すと、当時の日本でも無差別爆撃としての錦州爆撃を肯定し、空爆を一段と強化奨励する声が、日本の政治家たちの口からも発せられていく。

例えば、中野《なかの》正剛《せいごう》や安達《あだち》謙三《けんぞう》らを中心とする親軍政党であった国民同盟が編んだ『漢口《ハンコウ》及び広東《グアンドン》に対する無差別爆撃を決行すべし』と題する著作がある。その冒頭には、『漢口は「防守せられたる都市」』として、我国は之《こ》れに対し無差別爆撃を為《な》す権利あり」(16)とし、無差別爆撃が国際法上、正当な戦術として容認されていると強調する。

その理由として、前述した一九〇七年のハーグ陸戦法規の第二五条を持ち出し、「防守せざる都市」と対極にある「防守せる都市」に対し、無差別爆撃が許容されるとするのが、国際法学者の一致する解釈であるとする。「防守せる」とは、軍事占領の目的に抵抗するとの意味であり、「攻撃又は砲撃」(原文ではBombardment)には、空爆が含まれるとする見解である。

一九二二（大正七）年の空戦法規についても、その第二四条の第四項で、「陸上軍隊の作戦行動の直近地域に於ては都市、町村、住宅又は建物の爆撃は兵力の集中重大にして（Military concentration is sufficiently important）爆撃に依り普通人民に与ふべき危険を考慮するも、尚爆撃を正当ならしむるに充分なりと推定すべき理由ある場合に限り適法なりとす」[17]とあるのを根拠に爆撃対象都市が陸上部隊の作戦行動の直近地域であること、敵軍隊の集中重大なことの条件が揃えば、無差別爆撃が正当化されるとの解釈を示した。

これを錦州爆撃に適用すれば、錦州の軍事占領を視野に入れていた関東軍にとって、錦州は「直近地域」であった。奉天《フォンティエン》（瀋陽《シェンヤン》）から錦州に拠点を移動させ相当兵力の終結を進めていたのが錦州であるならば、その空爆は正当だというのである。

錦州爆撃の折、関東軍も日本政府もハーグ条約の第二四条を全面的に押し出して爆撃を正当化したわけではない。背景には恐らくこのようなハーグ空戦規定の限界性を暗に踏まえての行動であったかも知れない。だが、石原らによる錦州爆撃の結果、この空戦規定を拠り所として批判を回避しようとした形跡は管見の限り見当たらない。その一方で日本国内では、国民同盟のような親軍政党や諸勢力が、この点を根拠として無差別爆撃肯定論に一段と拍車をかけようとしたのである。

無防備都市は存在するか

慣習法の域を出なかった空戦法規であったが、日本政府及び日本軍部は、「防守せる都市」への無差別爆撃は正当であるとする見解に固執し、これに依拠する形で日本に対する空爆批判に反論を試みようとした。

ここでの問題は、何をもって「防守せる都市」と「防守せざる都市」とを区別するかである。はたして、区別する基準が存在したのだろうか。

内閣情報部編集『週報』に掲載された海軍省海軍軍事普及部の「空爆と国際法」には、「防守非防守」の小見出しにおいて、「空戦法規案では、陸戦条規第二五条中に採用された「防守せられたる都市」等の標準を捨てて目的物の性質又はその現に行はるる使用法を以て基準としたこと、又この標準を採用することが、一般的に見て理論上正しいばかりでなく、特に空戦の場合において妥当であることは殆ど論議の余地はないのである」[18]とある。

要するに「防守非防守」を区別する標準はなきに等しいのであるから、その区別自体は意味をなさない、と言うのである。つまり、「防守非防守」の判断は、空爆する加害側の恣意的な判断に委ねられることとなる。それで被害側が実定法に従って違法であることを訴え、被害への補償を求め、空爆自体を阻止することは極めて困難となる。

これを錦州爆撃に適用すれば、錦州の軍事占領を視野に入れていた関東軍にとって、錦州は「直近地域」であった。奉天（瀋陽）から錦州に拠点を移動させ相当兵力の終結を進めていたのが錦州であるならば、その空爆は正当だというのである。

錦州爆撃の際にも、日本政府や軍部は、錦州を「防守せる都市」と一方的かつ恣意的な判断で、敢えて無差別爆撃に踏み切ったとも解することができる。また、日本国内におけるいわゆる無差別爆撃を支持した議論のなかでも、純粋な意味での「無防守都市」は存在しない、とする議論も盛んに行われた。

関東軍及び日本政府は、錦州爆撃が無差別爆撃であったとする批判を回避するために、繰り返し言及したのは、航空機による錦州への偵察行動に対する東北軍の反撃行為である。反撃行為は、言い換えれば錦州市が「防守せる都市」であったとする証拠として喧伝された。

錦州には東北軍が駐屯しており、その意味では軍事施設の存在は確かであった。同時に鉄道駅舎をはじめ、非軍事組織への空爆が実施されたことは事実である。加えて、錦州市民や外国人教授など、非戦闘員が爆撃で死傷している事実は動かせない。

また、軍事施設が存在していたとしても、攻撃に対し自動的に反撃するわけではない。そこには明確に反撃し、錦州を防守する意図が存在しなければならない。東北軍には、その意図も能力も不在であったのである。たとえ、張学良《チャンチェリン》や東北軍幹部たちに抵抗の意思があったとしてでもある。なぜなら東北軍は不抵抗主義の原則を採っていたのであるから。

総合していえば、錦州爆撃は軍事・非軍事の選択が、一部を除きほとんどなされないまま強行された事実があった。その点が無差別爆撃として判断される所以《ゆえん》である。

そもそもどれほどの精密誘導爆弾を投入しても、特に都市爆撃の場合には、作戦意図の所在に関係なく、文字通りの無差別爆撃に結果する。その意味で空爆自体に無差別爆撃も限定爆撃の区別は成立しないのである。

実際に、一旦戦争が開始されるや、空爆規制を求める声が無視されていった。錦州爆撃から上海《シャンハイ》爆撃、そして重慶爆撃から真珠湾爆撃に至るまで、現代戦における空爆戦術採用が常態化していく。このことは終章でふれることにするが、現代戦の戦争実態を概観すれば明らかであろう。空爆を批判する国際世論に向かっては、恣意的な判断から「防守された都市」と認定し、空爆の正当性を主張する。錦州爆撃を含め、無差別爆撃が繰り返されてきた背景には、このような国際法のあり方をめぐる問題、実定法として最後まで成立しなかった問題、空爆を現代戦争の有効な戦術として行使したいとする軍事担当者の思惑があったこと、などが指摘できよう。以下、もう少しこの問題にこだわってみたい。

その後の空爆作戦

錦州爆撃が欧米諸国民に衝撃を与えた理由は、第一次世界大戦当時の大都市爆撃を想起させたからであった。第一次世界大戦は、陸上における戦車、海中における潜水艦、そして、空中における航空機の本格投入が行われた。総力戦という新たな戦争形態であった。

総力戦は空爆の多発化という事態を招き、それは戦場と銃後の区別をなくすという事態をも招いた。戦車や潜水艦が主に正規軍同士の戦闘のなかで使用されたのと異なり、航空機は軍事施設やインフラの破壊だけでなく、一般市民の生命を殺傷する兵器として、また現代戦の帰趨を制する兵器として、その地位を確立していく。空爆によって通常の市民生活が甚大な人的・物的破壊を強いられることになった。

つまり、日本の錦州爆撃が国際社会の大きな反響を呼んだのは、日本が侵略を拡大し、列強諸国の利益を侵害していることだけでなかった。第一次世界大戦中の無差別爆撃の記憶を呼び戻すかのように、日本が新たな都市無差別爆撃を強行したことに警戒心を抱いていたのである。

欧米諸国には空爆被害体験の痛覚が存在していた。ゆえにこそ一九二〇年代には陸戦法規、海戦法規、空戦法規など、戦争自体に歯止めをかけられなくとも、戦争方法の領域で可能な限り制限を課すことで戦争被害を最小限化する試みが欧米諸国で繰り返し真剣に取り組まれていた。

その一方、空爆被害の未体験国であった日本が、積極的に空戦規定に関与していったとは想像できない。むしろ、再三言及するが、国民同盟編『漢口及び広東に対する無差別爆撃を決行すべし』に象徴される著書で示されたように、空爆を有効な一種の作戦として位置付ける考えが有力であったことは確かであった。

実際、日本はハーグ会議には参加するものの、一貫して空爆規制には消極的であった。そうした日本だからこそ、欧米諸国からの批判を想定しながらも、都市無差別爆撃である錦州爆撃に踏み切ったのではないかと思われる。

日本軍による錦州爆撃の無差別性を糾弾する国際法上の根拠は存在しないに等しかった。それにもかかわらず欧米諸国や中国の日本批判によって、日本は外交上孤立していく。錦州爆撃が国連加盟諸国や国際社会から厳しく批判されたのは、国際法に依拠したものというより、第一次世界大戦時における空爆の歴史体験からくるものであった。まさに歴史のトラウマから派生したものといえよう。

その後も上海空爆をはじめとする中国各地での空爆、台湾など植民地支配を貫徹するための空爆を繰り返し行い、それが一九三八（昭和一三）年一二月から始まる重慶爆撃に繋がっていったといえる。中国の抗戦首都壊滅を目標に無差別爆撃として、甚大な被害を重慶市民に与えることになったのである。

確かに錦州爆撃と重慶爆撃とが、直線的に繋がっているとは言い難いかも知れない。しかし、錦州爆撃以後、上海や成都《チエンドゥー》を始め、中国各地では日本軍機による空爆が繰り返された。その一連の空爆のなかで、最も長期にわたり、甚大な被害を中国側に強いたのが重慶爆撃であった。重慶爆撃は、一連の無差別爆撃の帰結としてあった。陸軍航空機によって開始された空爆が、海軍航空機を中心とする大規模な空爆となって本格化したのである。

さらに歴史を進めれば、重慶爆撃は三年後の真珠湾空爆にも繋がっていく。それは、軍事目標主義に則り、軍事基地や軍事施設を目標としたものとされた。しかし、歴史の事実として空爆は、軍事目標以外にも甚大な被害を強いたことが明らかにされている。それゆえ、軍事目標主義とは、空爆戦術を容認させようとする口実でしかない。

更に日本の空爆作戦は、一九四一年一二月八日の日本海軍によるアメリカ・ハワイ真珠湾奇襲へと突き進む。その空爆の歴史は、やがて米軍による東京大空襲をはじめ、日本全土に及ぶ空襲被害となり、広島・長崎への原子爆弾投下に帰結していったのである。

もし錦州爆撃という都市無差別爆撃への欧米諸国からの批判や反発に対し、日本が正面から向き合い、空爆規定を順守する方向で、戦争手段の制限とさらには戦争発動事態への抑制力が働いたならば、一九三七年以降の日中全面戦争の様相は、未発の可能性をも含め、一変したかも知れないのである。

注

（1）袁成毅「日军空袭锦州与国际社会反响再探讨」（『民国档案』二〇一三年四月、一〇五頁）。

（2）第三、四項は同右の六頁に記載あり。また、国際法学者であった田岡良一は、自らの著作のなかで「一九二三年海牙空戦法規ノ内爆撃及ビ中立領域ニ関スルモノノ原文」で同条文を紹介し、日本軍機の空爆の正当性を訴えている（田岡良一『空襲と国際法』巌松堂、一九三七年、巻末八頁に収載。条約の原文は英語）。

（3）東京高等裁判所（平成二七年（ネ）第一七九〇号、平成二九年一二月一四日　主文　二三頁）。

（4）出版年は前後するが、一九三〇年代において、空戦法規に関する最も詳細な分析と紹介を行なっているのが前原光雄「空戦法規序論」㈠㈡㈢（慶應義塾大学法学研究会『法學研究　法律・政治・社会』㈠第一二巻第二号、一九三三年六月、㈡第一二巻第三号、一九三三年一一月、㈢第一三巻第一号、一九三四年三月）であろう。

（5）国際法協会（International Law Association）は、一八七三年にロンドンに本部を置いて設立された。戦争規制を含めた戦時国際法の制定に大きな役割を果たした。日本支部は一九二〇年一二月に設立されている。

（6）国民同盟編『漢口及び広東に対する無差別爆撃を決行すべし』研文社出版部、一九三八年、七～八頁。

（7）国際軍縮会議準備会は、一九二五年一二月に設置され、満州事変の前都市の一九三〇年一二月の常設同委員会で軍事予算の制限、兵役期間の制限、常設軍縮委員会の創設などで合意が得られたことから国際連盟理事会の開催に漕ぎつけた経緯があった。

（8）若林宣は、これに関連して「人道的見地からすれば、空襲は全面的に禁止されるべきであったろう。にもかかわらず空中からの攻撃をまったく禁止することは、もっとも非現実的な議論とされた」（『B29の昭和史―爆撃機と空襲をめぐる日本の近現代』（『ちくま新書』）筑摩書房、二〇二三年、一一三頁）と指摘している。

（9）山梨及び宇垣軍縮については、纐纈厚『総力戦体制研究―日本陸軍の国総動員構想』（三一書房、一九八一年）の「第四章　軍部批判の展開と陸軍改造計画　宇垣軍縮の断行」（七三～一〇〇頁）を参照されたい。

（10）「陸軍少将発陸軍大臣宛電報」（防衛省防衛研究所戦史部蔵『陸軍省大日記　陸軍省　軍縮関係　極秘　昭和七年一月以降　軍縮会議に関する書類』、JACAR：C08051978000、画像頁〇五七一）。

（11）横山臣平『秘録　石原莞爾』芙蓉書房、一九七一年、一九九頁。

（12）これに絡めて前掲『B29の昭和史』で、若林は「戦後BC級裁判の起訴対象となった中部軍と東海軍による軍律会議は、歴史上、無差別爆撃を犯罪として裁いた世界的に数少ない例となっている。言いかえれば、地球上でおこなわれた無差別爆撃のほとんどは、罪に問われることなく現在に至っているということである」（二三三頁）と指摘している。なお、中部軍と東海軍による軍律会議については、POW研究会のホームページを参照。

（13）楢崎敏雄『空中戦争論』（ダイヤモンド社、一九四三年）の「第二章　空戦法規の歴史　第二節　海牙空戦法規の批評」三四～四〇頁。楢崎は交通政策の研究者と知られ、航空政策の研究署も多く出版している。中央大学教授を務め、戦後は東洋大学や専修大学などで教授を歴任している。

（14）楢崎敏雄『空中戦の法的研究』「第三章　空戦法規発達史」ダイヤモンド社、一九四三年、一八頁。

(15) 同右「第四章　空戦法規確立の必要」四九〜五〇頁。
(16) 前掲『漢口及び広東に対する無差別爆撃を決行すべし』、一頁。
(17) 同右、六頁。
(18) 内閣情報部編『週報』第九六号、一九三八年年八月一七日、一七頁。

終章　引き継がれる錦州無差別爆撃史

―記憶と忘却の狭間で―

終　章　引き継がれる錦州無差別爆撃史―記憶と忘却の狭間で―

注目される錦州爆撃

本書の第三章でも引用した『辽宁日报〔遼寧日報〕』二〇一四年九月二三日付の記事は、『中国新聞網』（中新網、www.chinanews.com.cn）などでも「日本軍による錦州爆撃の犯罪を明かにする」との見出しで報道されている。(1) この種の歴史事実が中国では繰り返し報道されている。

それゆえ、中国における抗日戦争史研究は活発であるが、事件から八〇年余経過した現在、「錦州事件」にこだわった研究はあまり多くなかった。ましてや日本の近現代史研究で錦州爆撃に焦点を絞った研究は、皆無に等しい。日本では錦州《チンチョウ》爆撃を満州事変の一連の研究の一コマとして落とし込んでしまい、その事件の特異性については関心が向いていないのが現状だ。

近年の中国現代史研究では、錦州爆撃の歴史分析が活発になっていることはすでに述べたとおりである。錦州爆撃が都市無差別爆撃の嚆矢であり、日本の空爆戦術が国際戦時法違反であるという側面から、日本の中国侵略戦争に新たに焦点を当てようとしている。

そこでの研究では何ゆえに日本が国際社会からの批判を想定しながらも、無差別爆撃に踏み込んでしまったのかを問い続けることで、空爆戦術の非人道性を実証し、侵略戦争であれ防衛戦争であれ、戦争自体の問題性を告発していこうとする姿勢が窺い知れる。

空爆を実施した側の日本こそ、加害者としてこの問題といかに向き合うかが問われるし、研究課題としてより積極的に関わるべきである。その考えるヒントのようなものが、実は現代中国の文学者たちからも提起されている。そこでは様々な作品を通して、中国現代史における錦州爆撃の位置を探ろうとする試みが精力的に進められている。その一例を挙げておこう。

作家である于資訊《ユーツーシュン》は、「我的錦州我的國—中國現代史上「錦州事件」的堅韌敘事（我が錦州、我が祖国—中国近現代史における錦州事件の逞しい語り）」[2]において、錦州爆撃の歴史を素材として、仮に錦州が国際都市として中立地帯化が成功すれば、錦州は日本軍の手には落ちなかったであろうとする文章を発表している。いわゆる「錦州中立化事件」[3]がテーマとなっているが、仮定の歴史をあえて描くことで、錦州爆撃をめぐる鋭い問いを発している。その一部を引用しておこう。

> ほぼ「中立化」された錦州は、中立地帯になるどころか、南京《ナンジン》国民政府によって、張学良《チャンチェリン》によって見捨てられたのである……それゆえ、日本の関東軍は、侵略を続けるその鉄の蹄に歯止めをかけず、南へ、南へ、南へ……とさらに奮起したのである……しかし、強大で威圧的な日本を前にして、弱く、恥をかかされた国際連盟に何ができるだろうか。[4]

錦州爆撃を素材とする文学領域における作品や歴史評論は、現在でも次々と発表されている。総じて于の作品に示されたように、歴史回顧をするだけでなく、そこに激しい日本批判と錦州を見放した国内外の諸勢力への怒りを静かに発している作風が目立つ。

このように歴史研究だけでなく、文学や映画などのジャンルにおいても、今後繰り返し錦州爆撃を扱った作品が生まれることであろう。なぜならば、そこには錦州爆撃の事実を確認するだけではなく、爆撃に至る歴史経緯と空爆作戦自体に戦争が孕む非人道性が凝縮されているからである。日本の覇権主義と植民主義、主権の侵害と他国領土支配、排外主義の実践など、現在においても克服すべき歴史が集約されている事件として、錦州爆撃を再定義する必要がありそうだ。

犠牲者リストと在錦州日本人

中国の有力な検索エンジンである百度《バイドゥ》には、「锦州是中国第一个遭日军无差别轰炸的城市，遇难者名单首次见诸媒体」〈纵观东北〉（「錦州は、日本軍による無差別爆撃を受けた中国最初の都市であり、犠牲者のリストが初めてメディアに登場した」〈東北地方全域〉）なる記事がアップされている（〈東北地方全域〉二〇一七年九月四日付）。それによれば、東北交通大学のロシア人教授と民間人一三人が死亡、二八人が負傷したとし、当時の錦州知事であった顧錦生《グーディンシァン》は、中華民国地方政府を代表し、空襲による死傷者のリストを発表したと記している(5)。

そのリストを翻訳して記載しておきたい。リストは、牛广臣《ニオウグアンチェン》の『锦州暨辽西沦陷史〈錦州陥落と西遼寧の歴史〉』（白山出版社、二〇一五年）に所収されているものである。

錦州無差別爆撃に遭遇した犠牲者名簿			
名　前	年齢	出身地	職　業
王春田	25	興城	ボイラーマン
苏佩生	31	盧台	ボイラーマン
胡云汉	29	興城	ボイラーマン
姜玉徳	26	興城	炭鉱関係労働者
刘茂龄	31	昌黎	機関区庶務
郭徳富	43	ロシア	副教授
刘振宝	66	錦県	美容師
郭玉峰	33	錦県	左官
关子扬	25	錦県	技工
段孙氏	24	錦県	（不明）
陈　正	36	錦県	車夫
屠桂林	58	錦県	小売業
王中武	34	錦県	小売業
王喜子	12	錦県	小売業
李李氏	55	錦県	（不明）
曹有章	40	宝坻	商人
杨张氏	31	錦県	（不明）
刘敦福	15	錦県	（不明）
马福良	39	錦県	輜重二等兵
张小孩	12	錦県	（不明）
李　姓	32	錦県	車夫
张青有	16	錦県	炭鉱関係労働者
田宝林	18	北平	砲兵団十八団

犠牲者リストから多くの情報を入手可能だ。死者二三名の内訳は、軍人は馬福良（輜重兵・三九歳）と田宝林（砲兵団一八団・一八歳）の二人のみで、他の犠牲者はボイラーマン（機関車助手）が三名、美容師、小売業者（三名）、商人（一人）、車夫（二名）、左官など民間人であった。機関車助

手三人と機関区庶務係の刘茂龄は、おそらく錦州駅が空爆された際に爆死したものと予想される。想像の域を出るものではないが、美容師、車夫、商人などの職業をみると、錦州市の中心地の駅周辺地区に仕事場なり住居などを持っていた市民と思われる。なお、表中の「郭徳富《グウォドゥーフゥー》」とは、第二章でふれた錦州交通大学副教授のロシア人であるゴルブツオーフのことである。

錦州爆撃では張学良政権の軍事施設と同時に民間人が死傷した事実がこのサイトからより克明にわかる。まさに無差別爆撃であったのである。

その錦州市には、少なからず日本人が居住していた。その様子を記録した重厚な地方史である牛广臣編の『锦州通史』に目を通してみよう。そこに記録された錦州爆撃に関する箇所を少し長いが引用（著者訳）しておきたい。「第十二章　第二節」からである。

日本人は錦州でさまざまな商売をしており、「協和大薬局」「永和洋行」「渡辺質店」「徳生質店」「寶榮質店」「天長堂」などが挙げられる。これらの店は名目上では商売や質屋を営業してはいたが、実際には煙草、阿片、小麦粉、銃器、弾薬などの販売を手掛けていただけでなく、将来の日本による錦州占領に備えるために潜伏していたのである。たとえば、岡本は後に錦州の憲兵隊長になり、砂田は上官の軍服を着て警務科長に一変し、砂岡は建設局の責任者になった。佐藤猪一は白雲公園派出所長になった。田中栄吉、上杉益喜、杉岡嘉一、阿部虎男、亭川長雄などは南街路西の郵便局で中国語学習クラスを開設していた。田中栄吉は錦州警務部長に就任し、上杉益喜、杉岡嘉一、阿部虎男、亭川長雄らは市政府市長の参事官として活動した。日本人を装った中国の漢奸《ハンジェン》〔漢民族の裏切者〕であり、日本の早稲田大学を卒業、日本語を話せる蘇正本也も参事官に就任した。(6)

無差別爆撃の対象となった錦州ではあったが、日本人の多く居住する古塔区《グーター》だけは爆撃が回避された事実を先に紹介した。『錦州通史』では、それを裏付ける記述がなされている。その意味で錦州爆撃は、限定的無差別爆撃と称してもよい内実を伴っているといえるのではないか。日本人居住区を回避して、非軍事事施設を無制限に爆撃の対象としていたのである。

ある海軍教官の発言

こうした錦州爆撃の状況をふまえた上で、ある海軍教官の発言を引用しておきたい。その一人とは、海軍大学の教官を務め、海軍書記官（海軍高等文官）でもあった榎本重治《えのもとしげはる》である。

私は如何なる手段を以てするも都市町村等に対する一般荒廃を目的とする攻撃は不可なりとする見解を有し、従つて航空機に依る攻撃も戦場に於《おい》て陸上軍と共同する場合の外、都市町村夫《そ》れ自体を目標とすることは許さるべきに非《あら》ず、爆撃は必ず目的物を狙ひて一発必中の信念の下に之を行ふべきものと信ずる。(7)

榎本は、航空機による爆撃は軍隊や軍事施設以外を目標とすることを明確に否定する。いわゆる軍事目標主義の主張であり、都市であれ町村であれ、無差別爆撃は許されないとする。

さらには、この榎本論文が発表された一九三八（昭和一三）年の一二月から、およそ二年半余りに及ぶ重慶《チョンチン》爆撃が開始された。錦州爆撃以後、連綿と続いた中国各都市への無差別爆撃は、重慶爆撃でその頂点に達する。その一方で、榎本に代表される軍事目標主義の徹底を説く日本海軍関係者が存在したことも記憶しておくべきである。

榎本のような論者も存在したものの、対英米蘭戦争が開始される一九四〇年代に入ると、例えば、対支功労者伝記編纂会が刊行した回顧録では、「我が軍の錦州空襲事件として支那の誇大な宣伝が、折柄開会中の国際連盟の大問題となり、徒《いたず》らに対日悪感情を挑発したものである」(8)と示されたように、中国に対する一方的かつ一面的な批判の材料に使われてきたのも錦州爆撃であった。

戦後の早い段階で日本国際政治学会がまとめた通史『太平洋戦争への道』には、錦州爆撃が引き起こされると、「俄然、錦州爆撃は中国側を驚倒させた。南京では、さらに南京爆撃をやるのではないかと心配し、野砲による上空射撃の設備を行ない、要人は避難をはじめたと伝えられた」(9)との記述がある。実際に不幸にも錦州爆撃後も南京を始め中国の各都市に相次ぎ空爆が行われたことは、本書で繰り返し述べた通りである。日本軍により連綿と続けられた空爆の一つの帰結が重慶爆撃であった。

錦州爆撃を境に国際連盟や国際世論で猛烈な批判を受けることとなり、結局日本は国際連盟の脱退にまで追い込まれる。国際連盟の脱退は、日本の自主的判断とされながら、その判断を余儀なくされたのは、国際的な圧力であったことは否定しようがない。日本国内の高官には、宇垣一成のように錦州爆撃が招く日本の孤立を予見した軍人もいたが、数多の軍人、政治家、メディアは圧倒的に錦州爆撃の正当性を連呼し続けた。そして国際的な批判の高まりに応じて、日本側は反批判を繰り返すという負の連鎖に陥っていく。

それだけに満州事変以後の歴史過程の中で錦州爆撃の位置をいま一度据え置いてみた時、国際社会の動向にあまりにも無頓着であり続けた日本の世論とメディアは、領土と主権尊重という国際連盟が掲げる基本原理を否定し、一国主義的な覇権主義のなかに国家と国民の命運を巻き込んでいった。またそれ以上に加害者側の日本政府及び日本軍部の責任は重大と言わざるを得ない。

国際戦時法の限界性

錦州爆撃に至るまで、国際連盟の役割が十分に果たされなかったことは事実だとしても、国際連盟の法規順守義務を回避するため、日本は国際連盟を脱退する挙に出た。

同時に、中国の行政的・領土的保全を約し、門戸開放と機会均等の原則を承認した九ヶ国条約（一九二二年二月六日調印）に違反した行為としての満州地域の軍事占領、その延長線上に強行された錦州爆撃、そして、一九二八年八月二七日に調印された不戦条約違反の問題もある。全部で三ヶ条から成り、批准手続きを規定した第三条以外の条文は以下の通りである。

第一条　締約国は国際紛争解決の為戦争に訴ふることなく非とし、其の相互関係に於て国家の政策の手段としての戦争を抛棄《ほうき》することを其の各自の名に於て厳粛に宣言す

第二条　締約国は相互間に起ることあるべき一切の紛争又は紛議は其の性質又は起因の如何を問はず、平和的手段に依るの外之が處理又は解決を求めざることを約す

クラウゼヴィッツの「戦争は政治の延長である」との指摘を受ける形で導き出された戦争否定論として、「国家政策の手段としての戦争」を放棄することが不戦条約の第一条で示された意味であることを、日本政府も軍部を積極的に理解しようとしなかった(10)。非常に独りよがりの正当防衛論を繰り返すのみで、そこに九ヶ国条約や不戦条約を尊重する姿勢は、残念ながら最後まで稀薄であった。戦争が政治の最後的手段だとしても、これを回避するための努力が強く求められていた。それが政治本来の役割であるはずだ。

その意味からして、満州事変から錦州爆撃に至る全過程は、ここに例示した九ヶ国条約や不戦条約への違反行為でもあった。その違反行為の積み重ねのなかで、日本の国際社会における孤立が明らかとなり、その過程で中国侵略を拡大させ、戦争の長期化と国力の消耗を招き、その矛盾から脱却するために日独伊三国同盟の締結へと踏み込んでいく。その結果が対英米蘭戦争へとつながっていったのである。

満州事変を引き起こし、そのなかで欧米諸国との関係や村落であれ都市であれ、諸国民の無辜の

民間人の犠牲を不可避とする無差別爆撃をあえて強行したことは、日本の戦争政策の本質を示すものであった。

空爆と空襲

そうした流れのなかで、現在の時点からして、錦州爆撃を振り返る意味をどこに求めたらよいのだろうか。

ここでもう一つの視角を用意しておきたい。それは空爆加害と対極にある空襲被害との相互関係である。つまり、空爆加害と空襲被害の真逆の行為と実態を同時的に把握する発想である。

空襲被害を後の重慶爆撃や上海《シャンハイ》爆撃などの都市無差別爆撃と比較した場合、繰り返し述べてきたように錦州爆撃による被害自体は相対的に小さいものであった。だが、錦州爆撃が錦州在住の住民や中国政府に与えた衝撃と恐怖は、物理的被害以上に深刻であった。

物理的被害は数値化が可能である。だが、精神的痛苦は当然ながら数値化は不可能である。衝撃と恐怖は、長年にわたり記憶に刻まれる。物理的被害は復興という形で回復可能である。これに対し、生命の喪失や記憶の消去は回復不可能である。精神的苦痛の深刻さは、繰り返し想起することが必要であろう。

そうした意味で、錦州爆撃は第一次世界大戦での空襲被害体験を有するヨーロッパ諸国民にとっても、かつての空襲被害の甚大さを想起するに十分な事件として映っていた。一方、日本政府及び国民は、それまで空襲体験が皆無であったことから、その恐怖と被害の深刻さへの気付きが全くといって良いほどなかった。実際、錦州爆撃について、日本の各新聞社は相応に報道していたが、大抵が関東軍の勇猛果敢な空爆を賛美するものであった。

そこでは空爆側の視点からしか錦州爆撃を見ていなかったのである。空爆という近代軍事技術の水準を示すこの作戦は、当時の日本国民にとって戦意高揚と圧倒的勝利の象徴としてしか受容されなかった。そこから戦争が生み出す衝撃と恐怖の創造力は生まれようがなかったのである。

日本国民が空襲被害に遭遇するのは、アジア太平洋戦争の開始以後である。一九四二年四月一八日のアメリカのドーリットル中佐に率いられたB25機による東京、横浜、横須賀、名古屋、神戸などへの空襲であった。

日本国民は、そこで初めて空襲被害の深刻さと恐怖とを体験することになる。そこで、ようやく日本においても、空襲被害が歴史事実として記録され記憶されはじめる。

その一方で、空爆規制案が実定法として成立しなかったことから、「空爆加害」の用語は歴史用語として軍事史のなかでも定着されないままであった。しかし、「空襲被害」の事実を記録し、語り継ぐことで、私たちは空爆の歴史を批判していく視座を獲得していくことができるはずである。

都市無差別爆撃の象徴事例として、ドイツ軍によるゲルニカ爆撃、日本軍による重慶爆撃、そして米軍による東京大空襲から広島・長崎の原爆投下など甚大な被害をもたらした数々の爆撃がある。前田哲男は、これらを「戦略爆撃」という用語で括り、そこに単に軍事領域に限定されない多様な意味を含めている。

その「戦略爆撃」の起点のひとつとして、本書では錦州爆撃を俎上に挙げ、その爆撃実態と日本・中国の国内世論の動向を追った。

一方で、袁成毅「日本陸海军対华航空初战及其影响　一九三一～一九三二（日本陸海軍と対中国空軍との初戦とその影響）」の次のような指摘も行なっている。すなわち、「日本は錦州爆撃を通して、国際社会の無差別爆撃への介入強度がまだ制約を課すほどに十分でないことを見極めたため、一九三二年の「一・二八」事変〔第一次上海事変のこと〕で、日本海軍航空隊は軍事目標と非軍事目標の違いをさらに無視し、無差別爆撃の範囲をさらに拡大させた」[11]と。

実際に日本は一九二二年に締結された九ヶ国条約に明示された中国の主権や領土の保守に関する条文を、完全に否定する行為を繰り返していた。当時の日本は国際連盟の一員でありながら、国際法や国際人道主義に無頓着であった。そして、欧米諸国が都市無差別爆撃の衝撃を受け、日本批判を強めていったにもかかわらず、リットン報告書で示された宥和的姿勢に一縷の望みを抱き続けていたのである。国際連盟を脱退し、国際法規の束縛から逃れた日本。その日本に最大の戦争責任が存在することは間違いない。その上で、上海や南京そして重慶に至るまで、中国各地での空爆の徹底ぶりを許したことは、国際社会における戦争との向き合い方にも課題が残ることになった。

錦州爆撃から重慶爆撃へ

最後に、錦州爆撃以後、日本軍によって繰り返された上海をはじめとする一連の都市無差別爆撃として最大規模となった重慶爆撃についてふれておきたい。

まず、一九三八年一二月に先立つ重慶爆撃が開始される八月に刊行された軍警会の機関誌『憲友』に掲載された「空爆と国際法」と題する記事の一端を引用する。

> 空爆批判の根拠が非戦闘員たる市民間に死傷者を生じた点にあるとしても日支間に戦闘行為が継続されている今日、軍事施設の付近に居住する非戦闘員は危険の少ない地帯に避難するのが常識だと我々は考える。[12]

日本は一九三七年七月七日に始まった日中全面戦争を事変と位置づけて、国際法が規定する「戦争」と認めていなかった。同時に国際連盟脱退を契機に国際法には拘束されないとする姿勢を適時採用していた。その事実をふまえて、すでに国際戦時法にいう軍事目標主義の意味を日本が知らなかったはずはない。

しかし、記事文面は戦闘行為の過程では、戦闘員も非戦闘員も区別なく攻撃の対象とするという、文字通りの無差別攻撃を常識と見なす姿勢を強調している。額面通りに解すれば、日本は明確な意図を持って無差別爆撃を敢行していたことになる。これは一雑誌の見解というより、政府や軍部だけでなく、メディアや世論の全体を覆う認識であった。

戦後、こうした認識の誤りについては、裁判の判例によって指摘されることになる。その実例として、重慶爆撃で被害に遭遇した中国人遺族による損害賠償請求裁判が挙げられる（二〇〇六年三月三〇日、第一次提訴・原告四〇人）[13]。それは東京地裁に提訴された通称「重慶大爆撃裁判」である。

そして、二〇一五年二月二五日、東京地裁の第一審判決で空爆被害者の爆撃加害国に対する賠償請求について、まず国際法違反に基づく損害賠償請求の可否に関しては、個人の国際法上の法主体性を認める特別の国際法規範が存在しない以上、個人が加害国に対し直接に損害賠償請求権等の権利を行使することは許されない、次に日本民法七〇九条等に基づく損害賠償請求の可否に関しては、国家賠償法施行前の大日本帝国憲法下の法制度では、官吏の職務上の不法行為に基づく権利侵害については民法七一五条の対象としていないことから国家には賠償の義務がない（いわゆる「国家無答責の法理」）、などから原告らの請求を棄却するとの判決が下された。

だが、大変に注目すべきは、その判決文において、重慶爆撃の加害と被害の事実を詳細に認定した上で、重慶爆撃が「無差別爆撃」であり、空戦法規案違反と認定する判例を記録することになったことである。東京地裁判決が重慶爆撃を国際慣習法としての空戦法規案違反としたことは、都市無差別爆撃の非人道性を指摘し、その道義的な責任を問うことになる。その点では、長きにわたる裁判闘争の成果として、その画期的な判決を引き出したことになる。

その一方で賠償請求を棄却するとの判決は不当とし、原告側が控訴する。そして、二〇一七年一二月一四日の東京高裁における控訴審判決では、「国際法規：「空戦法規案」違反」とする一審判決の九四頁の七行から一三行を削除し、「国際法規：「空戦法規案」違反」に関する判断を否認する挙にでたのである[14]。当然ながら、原告はこれを不服とし、最高裁に上告。しかし、二〇一九年一二月二五日、最高裁第二法廷は、原告側の上告を棄却してしまう。

確かに国家無答責の法理を理由として原告側の敗訴となったが、重慶爆撃が無差別爆撃であり、国際慣習法違反であった事実が裁判所によって認定された事実は極めて重い。それでも一三年間に及ぶ裁判を通して、賠償請求権が認められなかったのは、一体何を原因としているのか。今後の大きな課題となったのも現実である[15]。

まず、考えておくべきは、「空戦法規」をめぐる各国の議論のなかで、結局は最後まで「案」が取れず、実定法として成立しなかった戦前の歴史の課題が、戦後になって大きな足枷となったことであろう。そうした意味で、空爆加害の歴史を繰り返した日本の行為を改めて問い直すためにも、重慶爆撃と同様に錦州爆撃を問い続ける意味があるのではないだろうか[16]。

錦州爆撃とは何だったのか

本書を閉じるにあたって、あらためて強調しておきたいことは、以下の四点である。

第一に、一九三一年九月一八日から一九三七年七月七日の日中全面戦争が開始されるまでの六年間における時間の推移のなかでも、中国人及び西欧諸国民に与えた衝撃の大きさにおいて錦州爆撃事件を凌駕するものはなかったことである。

その衝撃の大きさを、関東軍急進派将校だけでなく、日本政府及びその周辺は十分に理解できなかった。そのことが、日中十五年戦争及びアジア太平洋戦争への道を用意してしまったのではないか。都市無差別爆撃が招来する結果への想像力欠如は、日中和平への道を閉ざすことになった。そのことは歴史の大きな教訓とすべきであろう。

第二に、空戦法規をめぐっては、欧米諸国の思惑ゆえに、毅然たる空爆規制に事実上失敗したことが、日本を含め第二次世界大戦期における空爆被害を甚大化させていったことである。

そうした失敗から、第一次世界大戦から登場する航空機による爆撃が、当時の国際法の下でなぜに無差別都市爆撃に結果していったかを今後一層検討する必要があろう。

第一次世界大戦の折、日本は初めて中国青島《チンタオ》のドイツ軍陣地への航空爆撃を敢行する。いわゆる日独戦争と言われる戦争が中国の地で行われた。その〝実績〟を踏まえて、一九三一年一〇月八日の錦州爆撃に行き着く。日独戦における日本の空爆が軍事目標を狙った限定爆撃だったのに対し、錦州への空爆は軍事施設だけでなく、当地の鉄道・駅舎、民間人住宅地までをターゲットにしていた点で、「無差別都市爆撃」と認定せざるを得ない。

第三に、以上の二点と重なる内容だが、錦州爆撃の軍事的な意味以上に政治的な衝撃がすこぶる大きかった点である。

その行為ゆえに、中国側から国際連盟に提訴され、国際問題として日本は批判を免れなかった。

日本の空爆が国際条約のみならず、満州事変期からアジア太平洋戦争期の混沌とする国際政治に与えた影響はすこぶる重大だった。

日本は国際連盟で弁明に努めたが、宥和的姿勢を見せていた国際連盟と異なり、国際社会では顰蹙を買った。しかしこの国際世論は日本には届かなかったと言わざるを得ない。報道管制のためばかりではない。日本国内ではナショナリズムという名の排外主義が国際批判の声を吹き飛ばす勢いにあったからだ。

錦州爆撃への日本国内の対応や世論の動きとともに、同事件への国際的な批判が高まるなかで、それをも突っぱね通し、一九三三年三月六日には満州事変の不当性を糾弾した国際連盟からの脱退を通告し、日本は孤立への道を歩むことになる。満州事変は政党政治や議会政治を排撃することを狙った国外クーデターであった。そして、事変の本質を凝縮した事件が、世界最初の忘れられた都市無差別爆撃としての錦州爆撃であったのである。

第四に、日本軍の強行した錦州爆撃の原型が第一世界大戦に求められるとしても、その無差別爆撃という軍事手段は、アジア太平洋戦争期の全般を通して通常化していったことである。

第一次世界大戦で登場した総力戦化という戦争形態は、戦場と銃後の垣根を取り払ってしまった。戦争に勝敗の帰趨は戦場ではなく、むしろ銃後が戦争にどこまで耐えられるかで決定されていく。それが総力戦の本質である。そこから空爆という軍事手段が銃後、すなわち一般市民やインフラの徹底破壊を勝利の要諦とすることになる。その意味で無差別爆撃とは、総力戦という戦争形態が生み出した軍事行為ということになる。

一九四一年一二月八日、日本軍による真珠湾奇襲は主に軍艦や軍事施設をターゲットにしたものであっても多くの一般市民を死傷させ、そのことがまたアメリカ国民の日本への怒りを買った。ドイツのロンドン無差別爆撃や、イギリス・アメリカ軍によるドイツの主要都市無差別爆撃も、振り返れば、その原型の一つとして錦州無差別爆撃があった。それは被害の多寡ではなく、現代戦における無差別爆撃が必然化してしまったことの問題性である。

さらにこうした事態は、第二次世界大戦から現在まで同様の軍事手段が繰り返されている。近々ではロシアによるキーウやハリコフなどの主要都市を中心とする爆撃や、イスラエルによるパレスチナのガザ地区への空爆事例など枚挙に暇ない。

どれだけ爆撃の精密度が高くなろうが、その対象が都市空間という人口密度が高い地域となれば、いうところの軍事目標主義も実効性を持たないのである。イスラエルによるガザ地区への激しい空爆の実情を繰り返し映像で目にするとき、空爆が必然的に無差別爆撃化していく実態を私たちは、リアルに実感させられているのである。

空爆のリアルに向き合うとき、無差別爆撃の原点としての錦州爆撃まで遡り、歴史の検証を通して無差別爆撃の非人道性糾弾し、現代戦争の恐怖を繰り返し確認していく必要があろう。

注

（1）『中国新聞網』の掲載記事は次のURLから読むことができる。
https://www.chinanews.com.cn/cul/2014/09-23/6621294.shtml

（2）『錦州日報』二〇二一年二月二二日付。同紙は、一九四八年に創刊された中国国内で戦後もっとも早く創刊された県レベルの中国共産党機関紙。公称八万部の発行部数とされている。

（3）南京国民政府が国際連盟に対して錦州から山海関を中立地帯とし、欧米諸国軍を駐留させる案を提出し、国際連盟でも同意の方向で検討されたが、中国国内では日本との妥協を結果するとして反対運動が起き、頓挫した事件。

（4）原文は以下の通りである。「幾乎「被中立」的錦州、並沒有成為中立區、反而被南京國民政府、被張學良放棄了……於是、日本關東軍沒有叫停繼續侵略的鐵蹄、更加有恃無恐地、向南、向南、向南……但是、面對強硬而又霸道的日本、軟弱而又尷尬的國聯、又能怎樣呢?」(https://kknews.cc/zh-tw/news/yx5ol5k.html)

（5）引用の表の原文は、URLは、https://tieba.baidu.com/p/5305946187に収載。

（6）原文は以下の通りである。「日本在军事上所做的准备更多。那时锦州城内东街路北由中山村一在此开了一家日本买卖、名为〝大信利陈列馆〟。从外表上看、它是经营日用百货的、但实际上却是日本的一个特务据点、当日军侵入锦州后、此馆便成了日军先遣队的司令部。日本第八师团骑兵联队长古贺传太郎中佐、就在此店工作。他于一九三二年一月六日率二〇〇余骑兵侵入锦西（今葫芦岛市）时被义勇军击毙。日本人在锦州开有各种买卖、如：〝协和大药房〟、〝永和洋行〟、〝渡边当铺〟、〝德生当〟、〝宝荣当〟、〝天长堂〟等、这些日本买卖、名义上是经商、开当铺、但实际上除卖烟土、吗啡、白面儿、枪支、弹药外、还有一个任务、就是潜伏下来、以经商为掩护、为日后日本侵占锦州做准备。如：岗本后来成为锦州宪兵队长、沙田换上上士军装、成为警务科长、沙岗成为建设局头子、佐滕猪一成为白云公园派出所所长。田中荣吉、上杉益喜、杉岗嘉一、阿部虎男、亭川长雄等人在城内南街路西邮政局办公室办起了中文学习班。田中荣吉成为锦州警务厅长、上杉益喜、杉岗嘉一、阿部虎男、亭川长雄等人成为市政府市长的参事官、冒充日本人的中国汉奸、日本早稲田大学毕业生、会用日语讲话的苏正本也当上了参事官」（牛广臣編『锦州通史』辽宁民族出版社、二〇一〇年、一九八頁）。

（7）『空』工人社、第五巻第一号、一九三八年一月、四二頁。

（8）対支功労者伝記編纂会編『対支那回顧録　続』上、大日本政科図書、一九四一年、七八頁。

（9）日本国際政治学会・太平洋戦争原因研究会編『太平洋戦争への道　開戦外交史　二　満州事変』朝日新聞社、一九六二年、八八頁。

（10）戦前期、国際法学者であった松原一雄は『満州事変と不戦条約・国際連盟』（丸善株式会社、一九三二年）で、「此文字は彼の有名なる独国のクラウゼヴィッツの著書『戦争論』から取つたものと称せらる」（一一七頁）と記している。ちなみに、「国家政策の手段としての戦争」を放棄するとの考えは、日本国憲法の第九条第二章「戦争の放棄」に反映されていることは知られている通りである。

（11）袁成毅「日本陆海军对华航空初战及其影响　一九三一～一九三二」（『历史研究』二〇一四年二月、九四頁）。

（12）軍警会編発行『憲友』第三二巻第八号、一九三八年八月、六〇頁。

（13）第一次提訴に続き、二〇〇八年七月四日に第二次提訴（原告二二人）、同年一二月三日に第三次提訴（原告四五人）、二〇〇九年一〇月五日に第四次提訴（原告八一人）と続いた。原告は総勢一八八名となった。

（14）山下恭弘「重慶大爆撃訴訟の意見書」（福岡大学機関リポジトリ「空襲被害者と国際法―重慶大爆撃訴訟を素材として」）が東京高裁に提出されていた。

（15）現在、「重慶大爆撃訴訟」に関わったメンバーを中心として、さらに重慶大爆撃の歴史事実を明らかにするために「ＮＰＯ法人都市無差別爆撃の原型・重慶大爆撃を語り継ぐ会」（二〇二一年三月二日設立認証）が活発な活動を続けている。纐纈も共同代表の一人である。なお、同会のＵＲＬは、以下の通りである。

http://www.anti-bombing.net/index.html

（16）ちなみに、重慶裁判については、第一審判決が東京地裁で二〇一五年二月二五日に出された（『訟務月報』第六一巻第九号、一七三七頁／D1-Law.com判例体系〔28231163〕）。また、第二審判決は、二〇一七年一二月一四日に東京高裁から出された（『訟務月報』第六四巻第一一号、一五八三頁／D1-Law.com判例体系〔28260020〕）。なお、判例評釈については、東京地裁判決は、山下恭弘「速報判例解説〔一八〕」（『法学セミナー増刊』二〇一六年四月増刊号、三一九～三二二頁）、申惠丰「平成二七年度重要判例解説」（『ジュリスト臨時増刊』一九四二号、二〇一六年一〇月、二六八頁）。第二審判決は、新井京「平成三〇年度重要判例解説」（『ジュリスト臨時増刊』第一五三一号、二〇一九年四月号、二八二～二八三頁）、横溝大「国際私法判例百選〔第三版〕」（『別冊ジュリスト』第二五六号、二〇二一年一一月、三八～三九頁）等を参照されたい。

あとがき

四〇年間にわたる私自身の研究歴のなかでも、近年、中国・台湾・韓国を中心に拙著の海外出版に意を用いてきた。私は中国で、『日本军国主义的过去和现在（日本軍国主義の過去と現在）』（吉林文史出版、二〇〇八年）を嚆矢として、『我們的戰爭責任（私たちの戦争責任）』（人民日報出版社、二〇一〇年））、『近代日本政军事关系研究（近代日本政軍関係の研究）』（中国社会科学文献出版社、二〇一二年）、『〝圣断〟虚构与昭和天皇（「聖断」虚構と昭和天皇）』（辽宁教育出版社、二〇一五年）、『田中义一—总力战的先导者（田中義一—総力戦国家の先導者）』（中国社会科学文献出版社、二〇一七年）などを翻訳出版してきた。

とりわけ『日本は支那をみくびりたり—日中戦争は何だったのか』（同時代社、二〇〇九年）が、『何谓中日战争（日中戦争とは何だったのか）』（商務印書館、二〇一二年）として翻訳出版されたことが特に強く印象に残っている。同書は香港のフェニックステレビ（鳳凰衛視）の「八分間の読書案内」のコーナーで取りあげられ、多くの反響を頂いた。中国の研究者や読者と著作を通して交流ができたとの感慨を抱くことになった。

同時に、北京大学、西安交通大学（西安）、南開大学（天津）、復旦大学（上海）、東北大学（瀋陽）、

東北師範大学（長春）、吉林大学（同）、遼寧師範大学（大連）、華僑大学（泉州）など、中国各地の大学での講演や講義、さらには招聘された学会での発表などを重ねてきた。その場で私の中国語翻訳本を手にしながらの熱心な質問を頂いたりしている。そうした講演や出版を通して、実に多くの研究者たちと交流する機会を得た。出版の影響力の大きさをあらためて知った次第である。

両国の研究者が自らの研究調査の成果を学会や著作・論文によって相互に発表しあうことが、これからも益々必要になると思っている。とりわけ、日本の中国侵略の事実において大枠は把握可能となり、相互翻訳も一定程度進められてはいる。

本書で取りあげた錦州爆撃は、日本の近現代史研究者の間では周知の事実となっているが、本書でも繰り返したように、それは満州事変の一コマとしての位置づけで終わってしまっているように思う。

もちろん、満州事変の全過程と切り離して錦州爆撃を論じるべきだというのではない。満州事変勃発以後、中国の都市や村落を含め、各地で頻繁に強行された日本軍機による空爆は、それぞれの歴史事実であり、勢い全体化してみる目線と、個別の事件として位置付けていく目線が同時に必要であろう。本書で、やや錦州爆撃の実態のディティールにまでこだわって論述したのは、本書をまずは「錦州爆撃史研究序説」的な位置づけのものとしたかったからである。今後より豊かな史料を用いた本格的な錦州爆撃研究が登場することを期待したい。

もう一点、やや後付けの感が否めないが、本書の執筆を開始したのはロシアによるウクライナ侵攻の直前からである。この戦争は激しい地上戦と同時に、ロシアがウクライナに大量のミサイルを用いた空爆を強行している。ウクライナも反撃手段としてロシア占領地の軍事施設やロシア軍にミサイルによる空爆を敢行している。そこでは空爆が場合によっては戦争の帰趨を制するかもしれない、という戦争の悲劇が繰り返されている。

さらに、二〇二三年一〇月七日、パレスチナとイスラエルの〝戦争〟が始まった。ハマスによるイスラエル攻撃により千人余りの犠牲者と二百人余りのイスラエル人などが拉致される事件が起きた。この報復を口実にイスラエルの主にガザ地区への空爆が続いている。二〇二四年に入ってから八月初旬の段階で四万人を超す犠牲者を生み出した。イスラエルが防衛や自衛権を口実に空爆や地上侵攻する様は、本書でみた錦州爆撃への批判に正当防衛論や正当化論を繰り返した日本政府や陸軍中央の反応を想起させる。歴史は何度でも繰り返すのか、と暗澹たる思いにさせられる。

第二次世界大戦後においても、アメリカのベトナムやイラク空爆、旧ソ連のアフガニスタン空爆、ロシアのウクライナ空爆、イスラエルのガザ地区空爆など空爆事例が頻発している。あえていえば、第一次世界大戦期に本格化した空爆の戦術が、錦州爆撃で都市無差別爆撃として広められ、上海や南京など中国の大都市への無差別爆撃が繰り返されることになった。日本は重慶爆撃を端緒として甚大な被害を中国にもたらし、米国は核兵器による広島・長崎の都市無差別空爆としての原子爆弾投下を行なった。その後も戦後の国際政治では絶え間ない空爆の歴史が繰り返されている。

私たちは、空爆に象徴される非道で甚大な被害を招く戦術が、かくも頻繁に実行される世界に生きていることを忘れてはならない。空域が戦場化して以来、まさに制空権を握った者たちが戦争の勝利者になり、その空爆手段をエスカレートさせてきた歴史があった。

もちろん、陸戦も海戦もさして差はないかも知れない。ましてや空爆は相手の顔が見えないところで人間を殺傷し、インフラを破壊する。加害者が被害者の苦悩や恐怖と隔絶した場所から行う戦闘行為のなかに、人間性が介在する余地は完全に消え失せている。ある意味で、空爆は戦争そのものの悲劇性を最も象徴した戦争行為なのである。

錦州爆撃とは、そうした今日まで連綿と続く現代の空爆史の起点とも言い得る。それゆえに、この空爆に関わった国家、軍隊、政治家など関係者たちの空爆観念を知り尽くしておくべきではないだろうか、と考えた次第である。

本書では、錦州爆撃に直接間接に関与した軍人や政治家、加えてメディアなどの動きも紙幅の許す限り追ってみた。また、錦州爆撃で投下された爆弾数に関する各種の情報を繰り返し記したように、現時点で入手できた中国人研究者の文献や論文を参考にした。それらの調査研究成果が被害の実相を懸命に炙りだしていることは、管見の限りでも十分に把握できた。今後は日本側の資料との突き合わせを行うなかで、より正確な実態把握が進められることになろう。

付言すれば、錦州爆撃で被害に遭遇した錦州市民への謝罪行為は残念ながら全く行われていない。爆撃行為に及んだ関東軍、それを事実上後押しした日本軍部、これに御墨を付けた昭和天皇の判断など、日本側の爆撃責任は問われないいまま、九〇年余りの年月が過ぎた。いまだに正当防衛論的な反応も存在する。

私たちは、中国側に犠牲と塗炭の苦しみを味合わせてしまったことへの謝罪をなすべきではないか。これを永遠の課題などとしてはならない。それを確実に実行しなければならないことが、現代を生きる私たちの責務である。そうした意味で戦争責任の一端を考える一つの素材として、錦州爆撃の歴史実態を押さえておくことが重要なのではないか。

まだまだ書くべき事柄も多く、収集した史料も使い切っていない。その点でも「錦州爆撃史研究序説」といえる本書だが、今後は中国の研究者とも連携して共同研究も進めていければと思う。

最後に本書を『忘れられた無差別爆撃―検証・錦州爆撃』と題したことに一言述べておきたい。本書でもふれたように、そもそも無差別爆撃と軍事目標限定爆撃の差異は、実際に無いと考えている。空爆という軍事作戦が高度化すればするほど、その差異は消滅する。

それでも敢えて「無差別爆撃」と付したのは、軍事目標限定爆撃が成立する可能性が残っていた時代があったこと、また空爆被害を可能な限り軽減するための手段として議論されてきた歴史の意味を現代の視点から問うてみたかったからである。いうまでもなく、空爆であれ、地上攻撃であれ、戦争手段が数多の人々の生命や健康、そして営々と築き上げてきたインフラが破壊されていくのが戦争であるかぎり、戦争そのものの無慈悲性や非人権性を問うことが最優先されるべきであることは論を待たない。国家や政治の愚かしい行為としての戦争という政治手段を放棄する英知や運動が、いまほど求められているときは無いであろう。

先にも記したように、本書の起点は、二〇二二年二月のロシアのウクライナ侵攻直前であった。それから三年近くにもなるというのに、まだロシアとウクライナの戦争は終焉を迎えていない。暗澹たる思いのなかで本書は生まれた。これも私には強く記憶に残るに違いない。

さて、こうした思いを抱きながら書き終えた本書だが、出版までに不二出版の吉田則昭氏と野中友貴氏の両氏をはじめ、同社の編集部の方々の多大な助力を得ることができた。深く感謝申し上げたい。また、中国関連の史料収集に当たっては、友人である中国人研究者、日本や中国の大学で研究者となっている私の教え子たちから力添えを頂いた。御名前は記さないが、この場で御礼を申したい。ありがとうございました。

本書が両国に共通する歴史問題の研究交流の一助となれば幸いである。

二〇二四年九月

纐纈　厚

参考史料・文献・論文・記事等一覧

＊本書内で使用したものも含め、関連史料・文献・論文のカテゴリー毎に発行年順でリストアップした。

〔史料〕

「満州事変ニ関スル報告」（国立公文書館蔵『枢密院関係文書』一九三一年一〇月二八日、JACAR：A03033725400）
「附満州事変に関する報告」（国立公文書館蔵『枢密院関係文書』一九三一年九月三〇日）
村川堅固他『極東時局を世界史的に観る新聞と満洲事情（東京講演同好会々報　第二九一号、旬刊講演集　昭和七年第一七輯）』東京講演同好会、一九三二年
国際連盟事務局東京支局編『国際連盟に於ける日支問題議事録―事件勃発よりリットン報告書提出まで』国際連盟刊行会、一九三二年
国際連盟事務局東京支局編刊『国際連盟理事会並に総会に於ける日支紛争の議事経過詳録　第一　一九三一年九月一九日より一九三二年一月二五日まで―満州事件に関する理事会の議事』一九三二年
国際連盟日支紛争調査委員会編『日支紛争に関する国際連盟編纂委員会の報告』国際連盟協会、一九三二年
陸軍省新聞班編刊『國防思想普及參考資料』（第六号　滿洲事變に對する列強の態度）、一九三二年
小野俊一編輯『リットン報告に対する各国の反響：外務省情報部発表　国際パンフレット通信　第五三九冊』タイムス通信社、一九三三年
『法廷証第三四二七号「リットン」報告書ニ對スル帝國政府意見書（文書名　朝日新聞社旧蔵極東国際軍事裁判記録　和文資料Ⅳ）（弁護側証拠）』一九四七年
外務省條約局第三課編刊『國際聯盟ニ於ケル日支事件討議經過調書』一九三二年

外務省編刊『国際連盟支那調査委員会報告ニ関スル帝国政府意見書』一九三二年
陸軍省調査班編刊『自昭和七年一月至昭和七年七月 関東軍活動状況概要』一九三二年
国際連盟協会編刊『リットン報告附属書 満洲の諸問題及びボイコットに関する専門家の研究 第九編（国際連盟協会叢書 第一一九輯）』、一九三三年
「関東軍参謀部 日本ハ東三省治安維持ノ目的達成上現情ヨリ一歩モ退クコトヲ得サル明證」昭和六年一〇月二九日～年一一月二日」（外務省史料館蔵『戦前期外務省記録』JACAR：B02030275600,REEL.No.A-0105）
参謀本部「満州問題ニ関スル「アドバタイザー」紙ノ論説 昭和六年十月十六日」（防衛省防衛研究所、陸軍一般史料、JACAR：C12120040700）
国際連盟帝国海軍代表者 海軍大佐洪泰夫「昭和六年十月字十三日至二十四日 国際事件臨時理事会経過報告並所見」（防衛省防衛研究所『公文備考』、海軍大臣官房記録 昭和六年、JACAR：C05021903900）
北平矢野参事官他「錦州爆撃ノ際死去セル白露人「ゴルブツォーフ」関係」（外務省外交史料館『戦前期外務省記録』昭和六年一〇月一三日～昭和七年三月九日、JACAR：B02030247900）
「日支事件ニ関スル交渉経過（連盟及対米関係）第五巻24」（外務省外交史料館『戦前期外務省記録』昭和六年一一月十六日～昭和六年十二月壱〇日、JACAR：B02030395000）
外務省亜細亜第一課「最近支那関係諸問題摘要 満州事変関係（第二巻連盟及列国関係）（外務省外交史料館『戦前期外務省記録』昭和六年一二月、JACAR：B02030497500）
「錦州政権の末路」（三島泰雄『眼のあたり見た満洲事変』時事新報社、一九三二年）
「十一 十月八日 錦州爆撃事件」（国際連盟事務局東京支局編纂『国際連盟に於ける日支問題議事録』第一三二号、一九三二年一一月）
国際連盟事務局東京支局編刊『国際連盟理事会並に総会に於ける日支紛争の議事経過詳録 一九三一年九月一九日よ

り一九三二年一月二五日まで』一九三二年
陸軍省「錦州方面に対する策案（昭和六年十二月五日　省部間決定）」（防衛省防衛研究所 陸軍一般史料JACAR：C12120030800）
赤松祐之編『国際連盟支那調査委員会報告書に対する帝国政府意見書』国際連盟協会、一九三二年
国際連盟事務局東京支局編纂『國際聯盟に於ける日支問題議事録』國際聯盟記録刊行會、第一三二号、一九三二年一一月
陸軍省新聞班編刊『関東軍活動状況概要』一九三二年七月
外務省『国際聯盟支那調査委員会報告書ニ對スル帝國政府意見書』一九三二年一一月二一日
国際連盟事務局東京支局編『国際連盟に於ける日支問題議事録―事件勃発よりリットン報告書の提出まで』国際連盟記録刊行会、一九三二年
陸軍省調査班『自昭和七年一月至昭和七年七月　関東軍活動状況』一九三二年七月
参謀本部編纂『満州事変ニ於ケル飛行隊ノ行動』偕行社、一九三四年
外務省情報部編刊『満州事変及上海事件関係公表集』一九三四年
国際連盟事務局東京支局編刊『国際連盟理事会並に総会における日支紛争の議事経過詳録㈠「資料」』第一一九号・一九三二年四月二〇日
稲葉正夫・小林竜夫・島田俊彦編・解説『満州事変』（『現代史資料』一一）みすず書房、一九六五年
本庄繁『本庄繁日記』（『明治百年史叢書』）原書房、一九六七年
角田順編『石原莞爾資料』国防論策篇（『明治百年史叢書』）原書房、一九六七年
角田順編『石原莞爾資料』戦争史論篇（『明治百年史叢書』）原書房、一九六八年
防衛庁防衛研修所戦史室『満州方面軍陸軍航空作戦』（『戦史叢書』）朝雲新聞社、一九七二年

粟屋憲太郎他編『内務省新聞記事差止資料集成』日本図書センター、一九八六年
「一九二三年海牙ニ於テ調印セラレタル空戦法規案　大正一二年」（北博昭編・解説『軍律会議関係資料』不二出版、一九八八年）
「日本軍ニ対スル錦州政庁戦争準備」（東京裁判資料刊行会編『東京裁判却下未提出弁護側資料』二、国書刊行会、一九九五年）
林銑十郎・高橋正衛解説『満州事件日誌』みすず書房、一九九六年
粟屋憲太郎・竹内桂編解説『関東軍関係史料』現代史料出版、一九九九年
波多野澄雄・黒沢文貴責任編集『侍従武官長　奈良武次日記・回想録　第三巻　日記昭和三年～八年』柏書房、二〇〇〇年
国際聯盟協會編『リットン報告書　日支紛争に關する國際聯盟調査委員會の報告　英文並に邦譯』角川学芸出版、二〇〇六年
芳井研一解説『十五年戦争極秘資料集　補巻三三　満州事変日誌記録』不二出版、二〇〇九年
リットン調査団編『全文リットン報告書』ビジネス社、二〇一四年
外務省日本外交文書デジタルアーカイブ『満州事変「事項五　錦州周辺の情勢と日本軍の錦州占領」』第一一巻第二冊、二〇二一年

〔参考文献〕

泉哲『国際法問題研究』巌松堂書店、一九二四年
小磯国昭・武者金吉『航空の現状と将来』文明協会、一九二八年
信夫淳平『不戦条約論』（『国際連盟協会叢書』八二）国際連盟協会、一九二八年

美濃部達吉編『不戦条約中「人民の名に於て」の問題』日本評論社、一九二九年
斎藤良衛『最近支那国際関係』国際連盟協会、一九三一年
本多熊太郎『国際連盟軍縮本会議と日本』外交時報社、一九三一年
大谷光瑞『支那事変と我国民之覚悟』大乗社東京支部、一九三一年
山名寿三『航空法論』第一～三巻、有斐閣、一九三一～三二年
陸軍省調査班編『満洲不安の実相』陸軍省調査班、一九三一年
古垣鉄郎『満洲事変と国際聯盟との関係―附・聯盟理事会の決議案から帝国政府の声明まで』外交時報社、一九三一年
陸軍省調査班編『張学良―錦州政権の対日交戦準備に就て』陸軍省調査班、一九三一年
外務省情報部編『国際連盟概説』（『国際連盟協会叢書』）国際連盟協会、一九三一年
立作太郎『戦時国際法論』日本評論社、一九三一年、一九三二年
浮田和民他『満洲国独立と国際連盟』早稲田大学出版部、一九三二年
国際連盟支那調査委員会編、外務省訳『リットン報告書全文』朝日新聞社、一九三二年
石丸藤太『戦争か平和か国際連盟はどう出る』日月社、一九三二年
外務省編『国際連盟支那調査委員会報告書ニ対スル帝国政府意見書』外務省、一九三二年
神田正雄『リットン報告書全文解剖』海外社、一九三二年
山川端夫『日支時局と国際連盟』（『国際連盟協会叢書』一一四）国際連盟協会、一九三二年
前田義徳『東洋モンロー主義―最近の日満支諸問題』旭川新聞出版部、一九三二年
松原一雄『満洲事変と不戦条約・国際連盟』丸善、一九三二年
海軍省海軍軍事普及部編『空爆と国際法』巌松堂、一九三二年

国際連盟日支紛争調査委員会編、外務省訳『日支紛争に関する国際連盟調査委員会の報告』(『国際連盟境界叢書』一五)国際連盟協会、一九三二年
楢崎敏雄『航空経済政策論』有斐閣、一九三二年
仲摩照久『満洲事変の経過』新光社、一九三二年
山田新吾『爆撃対防空—現代空中戦に於ける都市攻防』厚生閣、一九三三年
陸軍省調査班編『最近に於ける日支紛争と国際連盟』陸軍省調査班、一九三三年
松原一雄『時局関係国際問題及国際法問題』斯文書院、一九三三年
楢崎敏雄『空中戦争論』日本評論社、一九三三年
参謀本部編『満洲事変ニ於ケル飛行隊ノ行動』上、(『満洲事業史』一二)偕行社、一九三四年
立作太郎『時局国際法論』日本評論社、一九三四年
杉村陽太郎『海牙平和会議—軍備縮小問題研究資料一』国際連盟協会、一九三五年
ヘンリー・スティムソン著、鈴木東民訳『極東の危機』(『改造』十一号別冊付録)、改造社、一九三六年
滝昇述、浜松陸軍飛行学校編『欧洲大戦に於ける爆撃隊戦史講授録』軍事学指針社、一九三六年
国際情勢研究会編『世界は日本をどう見る?』太陽閣、一九三七年
田岡良一『空襲と国際法』巌松堂、一九三七年
佐藤舜『支那事変と国際法』民政社、一九三八年
楢崎敏雄『軍用航空と民間航空』有斐閣書房、一九三八年
海軍省海軍軍事普及部『空爆と国際法』一九三八年
陸軍省新聞班編『空中国防の趨勢』国防協会、一九三八年
国民同盟編『漢口及び廣東に對する無差別爆撃を決行すべし』研文社出版部、一九三八年

松原一雄『国際法研究資料としての条約』巌松堂、一九四〇年
楢崎敏雄『航空政策論』千倉書房、一九四〇年
前原光雄述『国際法講義』下、金文堂書店、一九四〇年
西原勝『陸軍航空を語る』人文書院、一九四〇年
対支功労者伝記編纂会編『対支回顧録 続』上・下、大日本政科図書、一九四一—四二年
神川彦松・横田喜三郎『国際条約集』岩波書店、一九四一年
信夫淳平『戦時国際法講義』一〜四、丸善、一九四一年
野口昂『爆撃』新興亜社、一九四一年
海軍省大臣官房編刊『戦時国際法規綱要』一九四二年
楢崎敏雄『空中戦の法的研究』(『国防科学叢書』三〇)ダイヤモンド社、一九四三年
佐藤庸也『活機戦 第一部(満洲事変)』日本軍軍用図書、一九四三年
吉満末盛『空戦史』ダイヤモンド社、一九四三年
立作太郎『戦時国際法論』日本評論社、一九四四年
エリノーア・タッパー他『アメリカの対日与論』大雅堂、一九四六年
外務省条約局編刊『国際法及国際私法—論題彙輯』一九四九年
松村秀逸『三宅坂—軍閥は如何にして生れたか』東光書房、一九五二年
蔣介石著、東亜出版社編訳『敵か味方か—蔣介石総統の對日言論』(『東亞問題史料叢書』一)東亞出版社、一九五二年
入江啓四郎『国際公法』(『法学新書』)法文社、一九五五年
林政春『陸軍大将本庄繁』青州会陸軍大将本庄繁伝記刊行会、一九六七年

坂邦康編『史実記録 戦争裁判 上海法廷㈠ 米軍関係』東潮社、一九六七年
防衛庁防衛研修所戦史室編『陸軍航空の軍備と運用1（昭和13年初期まで）』（『戦史叢書』）朝雲新聞社、一九七一年
片倉衷『戦陣隨録』経済往来社、一九七二年
防衛研究所戦史部編『満州方面陸軍航空作戦』（『戦史叢書』）朝雲新聞社、一九七二年
堀内謙介監修『海軍軍縮交渉・不戦条約』（『日本外交史』一六）鹿島研究所出版会、一九七三年
サンケイ新聞社編『蔣介石秘録』サンケイ新聞社出版局、一九七五年
郷田充『航空戦力—その発展の歴史と戦略・戦術の変遷』上、原書房、一九七八年
足立純夫『現代戦争法規論』啓正社、一九七九年
秋山紋次郎・三田村啓『陸軍航空史—黎明期—昭和12年』原書房、一九八一年
楳本捨三『定本 大関東軍史』国書刊行会、一九八四年
宮武剛『将軍の遺言—遠藤三郎日記』毎日新聞社、一九八六年
森松俊夫監修・解説『「参謀本部」臨参命・臨命総集成1 昭和六年九月〜昭和一一年』エムティ出版、一九九四年
臼井勝美『満州国と国際連盟』吉川弘文館、一九九五年
柳原正治編『不戦条約』上・下、信山社出版、一九九六〜九七年
林銑十郎『満州事件日誌』みすず書房、一九九六年
黄仁宇著、北村稔他訳『蔣介石—マクロヒストリー史観から読む蔣介石日記』東方書店、一九九七年
ハインリッヒ・シュネー著、金森誠也訳『「満州国」見聞記—リットン調査団同行記』（『講談社学術文庫』）講談社、二〇〇二年
篠原初枝『戦争の法から平和の法へ—戦間期のアメリカ国際法学者』東京大学出版会、二〇〇三年
永沢道雄『なぜ、都市が空襲されたのか』光人社、二〇〇三年

鈴木真二『飛行機物語―羽ばたき機からジェット旅客機まで』（『中公新書』）中央公論新社、二〇〇三年
和田博文『飛行の夢一七八三～一九四五―熱気球から原爆投下まで』藤原書店、二〇〇五年
今井貞夫『幻の日中和平工作―軍人今井武夫の生涯』中央公論事業出版、二〇〇七年
中山雅洋『中国的天空―沈黙の航空戦史』上・下、大日本絵画、二〇〇七～〇八年
王正廷著、服部龍二編『王正廷回顧録―Looking back and looking forward』（『中央大学学術図書』）中央大学出版部、二〇〇八年
戦争と空爆問題研究会編『重慶爆撃とは何だったのか―もう一つの日中戦争』高文研、二〇〇九年
今井武夫『日中和平工作―回想と証言一九三七～一九四七』みすず書房、二〇〇九年
吉田曠二『元陸軍中将遠藤三郎の肖像―「満州事変」・上海事変・ノモンハン事件・重慶戦略爆撃』すずさわ書店、二〇一二年
広中一成・今井貞夫『日中和平工作の記録』彩流社、二〇一三年
伊勢弘志『石原莞爾の変節と満州事変の錯誤　最終戦争論と日蓮主義信仰』芙蓉書房出版、二〇一五年
ヘンリー・スティムソン、マックジョージ・バンディ『ヘンリー・スティムソン回顧録』上・下、国書刊行会、二〇一七年
杉山祐之『張作霖―爆殺への軌跡一八七五～一九二八』白水社、二〇一七年
澁谷由里『馬賊の「満洲」―張作霖と近代中国』講談社、二〇一七年
太田茂『日中和平工作秘史―繆斌工作は真実だった』芙蓉書房出版、二〇二二年

〔研究書〕

易顕石・張徳良・陳崇橋・李鴻鈞著、早川正訳『九・一八事件史―中国側から見た「満洲事変」』新時代社、一九八

六年
李明『所謂「満蒙懸案交渉」と張学良の対応』(『社会科学研究』六ノ一)中京大学先端共同研究機構社会科学研究所、一九八六年
渡辺明『満州事変の国際的背景』国書刊行会、一九八九年
クリストファー・ソーン著、市川洋一訳『満州事変とは何だったのか―国際連盟と外交政策の限界』下、草思社、一九九四年
水野明『東北軍閥政権の研究―張作霖・張学良の対外抵抗と対内統一の軌跡』図書刊行会、一九九四年
臼井勝美『満州国と国際連盟』吉川弘文館、一九九五年
劉傑『日中戦争下の外交』吉川弘文館、一九九五年
中村勝範『満州事変の衝撃』勁草書房、一九九六年
西村成雄『張学良―日中の覇権と「満洲」』(『現代アジアの肖像』三)岩波書店、一九九六年
小池聖一『満州事変と対中国政策』吉川弘文館、二〇〇三年
安井三吉『柳条湖事件から盧溝橋事件へ―一九三〇年代華北をめぐる日中の対抗』(『研文選書』)研文出版、二〇〇三年
永井和『青年君主昭和天皇と元老西園寺』京都大学学術出版会、二〇〇三年
澁谷由里『馬賊で見る「満洲」―張作霖のあゆんだ道』(『講談社選書メチエ』)講談社、二〇〇四年
波多野澄雄編『日中戦争の国際共同研究　日中戦争の軍事的転回』慶應義塾大学出版会、二〇〇六年
吉田敏浩『反空爆の思想』(『NHKブックス』)日本放送出版協会、二〇〇六年
田中利幸『空の戦争史』(『講談社現代新書』)講談社、二〇〇八年
荒井信一『空爆の歴史―終わらない大量虐殺』(『岩波新書』)岩波書店、二〇〇八年

太平洋戦争研究会編『石原莞爾と満州事変』PHP研究所、二〇〇九年
山岡道男『太平洋問題調査会〝一九二一〜一九六一〟とその時代』春秋社、二〇一〇年
家近亮子『蔣介石の外交戦略と日中戦争』岩波書店、二〇一二年
服部聡『松岡外交　日米開戦をめぐる国内要因と国際関係』千倉書房、二〇一二年
伊香俊哉『戦争はどう記憶されるのか―日中両国の共鳴と相剋』柏書房、二〇一四年
浅野犀涯『大元帥張作霖』（『近代中国指導者論集成』）ゆまに書房、二〇一六年
小山俊樹『森恪―日中対立の焦点』ウエッジ、二〇一七年
服部龍二『幣原喜重郎―外交と民主主義（増補版）』吉田書店、二〇一七年
黄自進他編『〈日中戦争〉とは何だったのか―複眼的視点』ミネルヴァ書房、二〇一七年
酒井一臣『帝国日本の外交と民主主義』吉川弘文館、二〇一八年
及川琢英『帝国日本の大陸政策と満洲国軍』吉川弘文館、二〇一九年
信夫淳平『不戦条約論』書肆心水、二〇一九年
帶谷俊輔『国際連盟　国際機構の普遍性と地域性』東京大学出版会、二〇一九年
臼井勝美『満州事変―戦争と外交と』（『講談社学術文庫』）講談社、二〇二〇年
牧野雅彦『不戦条約―戦後日本の原点』東京大学出版会、二〇二〇年
大前信也『事変拡大の政治構造―戦費調達と陸軍、議会、大蔵省』芙蓉書房出版、二〇二一年
樋口真魚『国際連盟と日本外交―集団安全保障の「再発見」』東京大学出版会、二〇二一年
種稲秀司『幣原喜重郎』（『人物叢書』）吉川弘文館、二〇二一年
熊本史雄『幣原喜重郎―国際協調の外政家から占領期の首相へ』（『中公新書』）中央公論新社、二〇二一年
藤田俊『戦間期日本陸軍の宣伝政策―民間・大衆にどう対峙したか』芙蓉書房出版、二〇二一年

吉見俊哉『空爆論―メディアと戦争』（『クリティーク社会学』）岩波書店、二〇二二年
柳原正治『帝国日本と不戦条約―外交官が見た国際法の限界と希望』（『NHKブックス』）NHK出版、二〇二二年
後藤啓倫『関東軍と満洲駐兵問題―現地軍「独断的行動」のメカニズム』有志舎、二〇二三年
戸部良一『日中和平工作―一九三七～一九四一』吉川弘文館、二〇二四年

〔参考論文・評論〕

「財界展望　錦州爆撃の重大化」（『東洋経済新報』一九三一年一〇月九日）
「錦州爆撃事件」（日本国際協会『国際知識』第一一巻第一〇号、一九三一年一一月）
「錦州爆撃事件　不法行為でない　英米記者団現場調査意見」（『新世界』一九三一年一〇月一三日付、JACAR：J21021789600）
永雄策郎「満洲問題―太平洋外交の原理原則と満洲事変の意義及び其の帰結」（上田貞次郎他『世界恐慌』所収）日本評論社、一九三二年
「空爆と国際法」（軍警会編刊『憲友』第三二巻第八号、一九三八年八月）
海軍省海軍軍事普及部「空爆と国際法」（内閣情報部編輯『週報』第九六号、一九三八年八月一七日号）
池井優「満州事変とアメリカの対応―スチムソンの対日政策」（慶應義塾大学法学研究会『法學研究』第三九巻第一〇号、一九六六年一〇月）
川本謙一「全般的危機の第一段階におけるアメリカ帝国主義の対応―柳条溝事件直前の満州情勢」（日本国際政治学会編『国際政治』第四三号、一九七〇年一二月）
長嶺秀雄「満州事変初動における陸軍航空隊」（軍事史学会編『軍事史学』第九巻第一号、一九七三年六月）
臼井勝美「錦州占領―幣原外交の一考察」（九州大学文学部『史淵』第一一二号、一九七五年三月）

片桐庸夫「太平洋問題調査会（ＩＰＲ）と満州問題―第三回京都会議を中心として」（慶應義塾大学法学研究会『法學研究』第五二巻第九号、一九七九年九月）
柳沢遊「奉天における「奉天票暴落」問題と「不当課税」問題の展開過程―張作霖爆殺事件の歴史的前提」（東京大学経済学部経済学研究科『経済学研究』第二四号、一九八一年一二月）
井星英「張作霖爆殺事件の真相」一〜五（藝林会編『芸林』第三一巻第一号―第三二巻第一号、一九八二年三月〜一九八三年三月）
李明「石原莞爾と満州事変」（中京大学先端共同研究機構社会科学研究所編刊『社会科学研究』第八巻第二号、一九八八年一月）
永井和「張作霖爆殺事件と田中義一首相の上奏―粟屋憲太郎氏への所見への疑問」（日本歴史学会編『日本歴史』第五一〇号一九九〇年一一月）
永井和「昭和天皇は統帥権の運用を誤ったか―大江志乃夫著『張作霖爆殺事件』を許す」（立命館史学会編『立命館史學』第一一号、一九九〇年）
永井和「張作霖爆殺をめぐるもう一つの「嘘」―張作霖爆殺事件憲兵司令官の軍状報告」（現代史懇話会『史《ふみ》』第七四号、一九九〇年一二月）
西村成雄「日本政府の中華民国認識と張学良政権」（山本有造編『「満州国」の研究』京都大学人文科学研究所、一九九三年）
熊沛彪著、劉紅訳「九一八事変とワシントン体制の動揺―日本の東アジアにおける政戦略の変化を中心として」（軍事史学会編『軍事史学』第三七巻第二・三合併号、二〇〇一年一〇月）
黄自進「満州事変前後における国民政府の対日政策　蔣介石の思惑を中心に」（東アジア近代史学会編『東アジア近代史』第五号、二〇〇二年三月）

柳澤潤「重慶爆撃―一九三八―一九四一　日本初の戦略爆撃」（『鵬友』第二八巻第四号、二〇〇二年一一月）
浜口裕子「アメリカの対アジア認識の一考察―満州事変とジョンソン中華公使、フォーブス中日大使をめぐって」（『文化女子大学紀要　人文・社会科学研究』第一一号、二〇〇三年一月）
白石博司「張作霖爆殺事件―河本大作関東軍高級参謀の真意」（防衛省防衛研究所編刊『戦史研究年報』第六号、二〇〇三年）
三石善吉「戦争の違法化とその歴史」（『東京家政学院筑波女子大学紀要』第八集、二〇〇四年）
佐藤勝夫「張作霖爆殺事件における野党民政党の対応」（『日本大学大学院総合社会情報研究科紀要』第五号、二〇〇五年）
馬玉芳「田中義一内閣の対中積極政策の破綻―蔣介石・張作霖への対応を中心に」（『国士館大学大学院政経論集』第九号、二〇〇六年）
倉山満「満洲事変期幣原外交の再検討―宣伝概念の欠落と外交努力の成果を鍵として」（国士館大学日本政教研究所編刊『政協研紀要』第二七号、二〇〇五年）
岩本聖光「日本国際連盟協会―三〇年代における国際協調主義の展開」（『立命館大学人文科学研究所紀要』第八五号、二〇〇五年三月）
横島公司「昭和初期における新聞報道への一側面―満州某重大事件と検閲問題」（札幌大学経済学部附属地域経済研究所編刊『地域と経済』第三号、二〇〇六年）
一瀬敬一郎「裁かれる重慶大爆撃」（『中帰連―戦争の真実を語り継ぐ』第三九号・二〇〇七年）
水野明「満州における侵略と反侵略―張作霖と吉田茂を中心に」（『愛知学院大学論叢』第五五巻第四号、二〇〇八年）
堀内暢行「一九二九年第三回太平洋会議に関する一考察―満州問題討議の準備過程における日本ＩＰＲを中心に」

（東アジア近代史学会編『東アジア近代史』第一一号、二〇〇八年）
佐藤勝矢「新聞の報道競争から見た柳条湖事件報道―支那兵による満鉄線路爆破の証拠報道と軍部の情報操作」（『日本大学大学院総合社会情報研究科紀要』第九号、二〇〇八年）
高文勝「王正廷の対日構想」（日本福祉大学福祉社会開発研究『現代と文化　日本福祉大学研究紀要』第一一九号、二〇〇九年三月）
中沢志保「スティムソン・ドクトリンと一九三〇年代初頭のアメリカ外交」（『文化女子大学紀要　人文・社会科研究』第一九号、二〇一一年一月）
小山俊樹「満州事変期における外交機密費史料の検討―在中国日本公館の情報活動を中心に」（「情報史研究」編集委員会編『情報史研究』第四号、二〇一二年五月）
黄自進「満洲事変をめぐる列強の態度と国際公議の醸成」（『立命館経済学』第六二巻第一号、二〇一三年五月）
千葉正史「奉天交渉署作成張作霖爆殺事件調査報告書―中国側報告書の紹介と訳出」（『東洋大学文学部紀要　史学科篇』第四〇号、二〇一四年）
張鴻鵬「満州事変を巡る関東軍の謀略作戦―「遠藤日誌」を中心に」一～二（政治経済史学会編刊『政治経済史学』第五八四号～第五八五号、二〇一五年八月～九月）
森井大輔「満州事変（錦州爆撃）と対外宣伝について―柳条湖事件以降の国際世論の変化」一～二（航空自衛隊幹部学校幹部会編刊『鵬友』第四一巻第五号～第六号、二〇一六年一月～三月）
山下恭弘「空襲被害者と国際法―重慶大爆撃訴訟を素材として」（『福岡大学法学論争』第六一巻第四号、二〇一七年三月）
大窪有太「日本陸軍と対国際連盟政策―ジュネーブ一般軍縮会議・満州事変への対応を中心に」（『史學雑誌』第一三〇編第一〇号、二〇二一年一〇月）

〔新聞報道〕

「【奉天八日発電通至急報】我国飛行機ハ八日午後二時三機編隊ヲ以テ錦州上空ニ到達爆撃ヲ開始シタ」（『横浜貿易新報』一九三一年一〇月九日付）

「「錦州爆撃」について故意の記述振り　我が軍部も驚く」（『大阪朝日新聞』第一二〇巻、一九三一年一〇月五日付）

「錦州で爆撃投下　我飛行隊の積極行動」（『東京朝日新聞』一九三一年一〇月九日付）

「錦州爆撃は正当防衛だ　外相外交団に釈明　連盟でもこの方針で応酬」（『大阪毎日新聞』第九九巻、一九三一年一〇月一〇日付）

「錦州爆撃で首相外相　重要会見　軍部に警告を要望」（『大阪朝日新聞』一九三一年一〇月一〇日付）

「わが陸軍機　再び錦州へ出撃す」（『大阪朝日新聞』一九三一年一〇月一〇日付）

「錦州爆撃と国際関係　外交当局に望む」（『神戸新聞』一九三一年一〇月一一日付）

「米大統領の措置は国際礼儀上軽率だ：錦州爆撃は自衛上正当措置　我陸軍当局強行」（『大阪時事新報』一九三一年一〇月一一日付）

「英国の錦州爆撃評」（『大阪朝日新聞』一九三一年一〇月一二日付）

「常識からすれば戦争状態だ　連盟にとって重大時期　英紙の錦州爆撃評」（『大阪朝日新聞』第一〇〇巻、一九三一年一〇月一二日付）

「錦州爆撃の真因は支那の狙撃」（『大阪朝日新聞』一九三一年一〇月一三日付）

「錦州爆撃は派生的事態の拡大に非ず」（『神戸新聞』一九三一年一〇月一三日付）

「日本の錦州爆撃は適法有効に行われた　視察外人記者の帰来談」（『大阪朝日新聞』第一〇〇巻、一九三一年一〇月一二日付）

〔中国語参考論文・文献〕

中国人民政治协商会议全国委员会文史资料研究委员会编『文史资料选辑』第六辑、中华书局、一九六〇年
秦孝儀主編『總統蒋公思想言論總集』中央文物供應社、一九八〇年
易显石・张德良・陈崇桥・李鸿钧『「九・一八」事变史』辽宁人民出版社、一九八一年
吉林省政协文史资料委员会『「九・一八」事变资料 汇编』吉林文史出版社、一九八五年
中国人民政治协商会议吉林委员会文史资料研究委员会编『吉林文史资料选辑』第一辑（九一八事变亲历记）、吉林文史出版社、一九八五年
王桂厚编『三十年代美国的〝中立〞政策』解放军出版社、一九八七年
《从九一八到七七事变》编审组『原国民党将领抗日战争亲历记 从九一八到七七事变』中国文史出版社、一九八七年
毕万闻主编『张学良传』新华出版社、一九九二年
孙邦主编『「九・一八」事变』吉林人民出版社、一九九三年
许蓉生・林成西『国民党空军抗战实录』中国档案出版社、一九九四年
赵冬晖・孙玉玲『苦难与斗争十四年』中国大百科全书出版社、一九九五年
金炜主编『我们怎能忘记—中华民族耻辱史』中国广播电视出版社、一九九五年
王承礼・常城・孫継武総主编『苦難与闘争十四年 上・中・下卷』（东北沦陷十四年史丛书）、一九九五年
李新总编・韩信夫・姜克夫主编『中华民国大事记』第三册第二〇卷～第二六卷、中国文史、一九九七年
李秉刚『辽宁人民抗日斗争简史』辽宁人民出版社、一九九七年
辽宁省政协学习宣传和文史委员会编『「九・一八」事变 抗日烽火』辽宁人民出版社、一九九九年
张力・曲香昆主编『張學良與日本』吉林文史出版社、二〇〇二年
郑斌「三十年来国际空战法的发达」（何勤华・李秀清主编『民国法学论文精萃』第六卷〔国际法律篇〕、法律出版社、

二〇〇四年）
周乾「论九一八事变后国民政府寻求国联支持的外交努力」（吴春梅主编『安大史学』第二辑、二〇〇六年）
张泓主编・东北抗日义勇军研究室编『不屈的抗争 东北民众反抗日本殖民统治的斗争』沈阳出版、二〇〇五年
徐勇「侵华日军无差别轰炸述论」（北京大学日本研究中心编『日本学』第一三辑、二〇〇六年）
孙邦主编『九・一八事变亲历记』吉林文史出版社、二〇〇六年
刘长春・赵杰主编『张学良』中央文献出版社、二〇〇八年
張學良口述・唐德剛『张学良大传 第二版』遠流出版事業、二〇〇九年
张友坤・钱进・李学群编『世纪情怀：张学良全传（人民・联盟文库 人物传记类）』社会科学文献出版社、二〇〇九年
陶文钊・杨奎松・王建明『抗日战争时期中 国对外关系』中国社会科学文献出版社、二〇〇九年
牛广臣编『锦州通史』辽宁民族出版社、二〇一〇年
郭俊胜・胡玉海『张学良口述历史研究（张学良研究中心系列丛书）』辽宁 人民出版社、二〇一〇年
袁成毅『国际社会为何聚焦日军空袭锦州』中国社会科学报、二〇一〇年
郭俊胜・胡玉梅主编『張學良口述歷史（唐德剛作品集）』辽宁人民出版社二〇一〇年三月
王海晨・胡玉海『张学良史事笺证』人民出版社、二〇一一年
郭俊胜・胡玉海主编『张学良与九一八事变研究』辽宁人民出版社、二〇一一年
潘洵・周勇编『抗日战争时期重庆大轰炸日志』重庆出版集团重庆出版社、二〇一一年
潘洵『抗日战争时期重庆大轰炸研究』商务印书馆、二〇一三年
袁成毅「日军空袭锦州与国际社会反响再探讨」（『民国档案』二〇一三年四月）
张学良口述・张之丙・张之宇・访谈『张学良口述历史』张学良口述编辑委员会・中國出版社、二〇一三年
萨苏『最漫长的抵抗』西苑出版社、二〇一三年

袁成毅「日本陆海军对华航空初战及其影响　一九三一～一九三二」（『历史研究』二〇一四年三月）
罗泰琪『重庆大轰炸纪实』中国文史出版社、二〇一五年
张良「无差别轰炸锦州」（『生命与灾害』二〇一五年八月）
吕厚轩主编『中国近现代外交史』山东大学出版社、二〇一五年
虞和平主编『中国抗日战争史料丛刊　一九八　政治　外交』大象出版社、二〇一六年
张桂芝「辽西义勇军击落日机述略」（『「九一八」研究』二〇一七年）
张桂芝「锦州　日军无差别轰炸的中国第一城」（『大连近代史研究』第一四号、二〇一七年）
唐润明『未曾谋面的屠杀　重庆大轰炸研究』、南京出版传媒集团南京出版社、二〇一九年
史丁『日本关东军侵华史（侵华日军暴行史研究）』南京出版传媒集团南京出版社、二〇一九年
周勇他『「苦干」与战时重庆　影像史学视野下的战时首都』重庆大学出版社、二〇二〇年
袁成毅「日军空袭锦州『二战』首例无差别轰炸」（『团结报』二〇二〇年九月号）
马晓娟・张宪文・朱庆葆『抗日战争专题研究　石原莞尔与侵华战争』江苏人民出版社、二〇二一年

〔英語文献〕

Henry Lewis Stimson Diaries（microfilm edition）, " *Manuscripts and Archives*", Yale University Library, Volume 18: September 9, 1931-October 30.
Henry L. Stimson,*The Far Eastern crisis : recollections and observations*,Harper & Brothers,1936.
Henry L. Stimson and McGeorge Bundy,*On Active Service in Peace and War*,New York,1948.
Armin Rappaport, *Henry L. Stimson and Japan, 1931-1933*, University of Chicago Press,1963.
Bradford A.Lee, *Britain and Shino-Japanesese War 1937-1939*, Stanford University Press,1973.

Yale C,Maxon,*Control of Japanese Foreign Policy;A Study of Civil- Military Rivaly 1930-1945*,Westport,Conn.:Greenwood Press,1973.

William F.Morton,*Tanaka Giichi and Japan's China policy*,Folkestone:Dawson,1980.

Peter Steel, Nigel & Hart,*Tumult in the clouds: the British experience of the war in the air, 1914-1918*,Hodder & Soughton, 1997.

【ま】

【や】

【ら】

【わ】

『忘れられた無差別爆撃——検証・錦州爆撃』

人名索引

一、人名は本文中に出るものに限り採録した。
一、人名は姓、名の順で配置した。
一、中国人名は日本語読みで配置した。

【あ】

【か】

執筆者

纐纈　厚（こうけつ・あつし）

一九五一年生まれ。現在、明治大学国際武器移転史研究所客員研究員・山口大学名誉教授、政治学博士。『近代日本政軍関係の研究』（岩波書店、二〇〇五年）、『日本海軍の終戦工作―アジア太平洋戦争の再検証』（中公新書、一九九六年）、『侵略戦争―歴史事実と歴史認識』（ちくま新書、一九九九年）、『日本降伏―迷走する戦争指導の果てに』（日本評論社、二〇一三年）、『戦争と弾圧―三・一五事件と特高課長纐纈弥三の軌跡』（新日本出版社、二〇二〇年）、『総力戦体制研究―日本陸軍の国家総動員構想』（三一書房、一九八一年）、『監視社会の未来―共謀罪・国民保護法と戦時動員体制』（小学館、二〇〇七年）など著書多数。

忘れられた無差別爆撃
検証・錦州爆撃

著者　纐纈　厚

2024年11月25日　初版第一刷　発行

発行者　船橋竜祐
発行所　不二出版　株式会社
〒112-0005
東京都文京区水道2-10-10
電　話　03（5981）6704
FAX　03（5981）6705
郵便振替　00160・2・94084
https://www.fujishuppan.co.jp

組版・印刷／昴印刷　製本／青木製本
装丁／植木潤・久世優子
乱丁・落丁はお取り替えいたします。

ISBN 978-4-8350-8831-0 C0021